新时代●管理新思维

员工敬业度

快速提升与案例实操

[美] 格伦·艾略特（Glenn Elliott） 黛布拉·科里（Debra Corey） 著
魏计美 译

清華大學出版社
北京

北京市版权局著作权合同登记号　图字：01-2018-4944

Glenn Elliott, Debra Corey

Build it: The Rebel Playbook for World-Class Employee Engagement

EISBN: 978-1-119-39005-3

图书在版编目(CIP)数据

员工敬业度：快速提升与案例实操 / (美) 格伦 · 艾略特 (Glenn Elliott) , (美) 黛布拉 · 科里 (Debra Corey) 著；魏计美译. —北京：清华大学出版社，2020.8（2021.6重印）

（新时代. 管理新思维）

书名原文：Build it: The Rebel Playbook for World-Class Employee Engagement

ISBN 978-7-302-53323-8

Ⅰ. ①员…　Ⅱ. ①格… ②黛… ③魏…　Ⅲ. ①企业—职工—职业道德—案例　Ⅳ. ①F272.921

中国版本图书馆CIP数据核字(2020)第081037号

责任编辑：刘　洋
封面设计：徐　超
版式设计：方加青
责任校对：王荣静
责任印制：杨　艳

出版发行：清华大学出版社
网　　址：http://www.tup.com.cn，http://www.wqbook.com
地　　址：北京清华大学学研大厦 A 座　　**邮　　编：**100084
社 总 机：010-62770175　　**邮　　购：**010-62786544
投稿与读者服务：010-62776969，c-service@tup.tsinghua.edu.cn
质 量 反 馈：010-62772015，zhiliang@tup.tsinghua.edu.cn
印 装 者：三河市铭诚印务有限公司
经　　销：全国新华书店
开　　本：170mm×240mm　　**印　　张：**14　　**字　　数：**195 千字
版　　次：2020 年 8 月第 1 版　　**印　　次：**2021 年 6 月第 2 次印刷
定　　价：69.00 元

产品编号：081264-01

内容简介

Content Introduction

敬业度桥梁在过去十年已经成为建立敬业企业文化的一个行之有效的模式。本书通过杰出的案例研究、具体的行动和真正的成功来阐释敬业度桥梁的真正意义：它为何如此重要，以及如何将其灌输到员工队伍中。敬业度桥梁包括十大元素，各元素之间相互交织。本书作者会见并采访了全球近 2000 家规模不一、性质不同的机构以及数以百计的逆袭者，启迪读者去思考如何行动。本书的主要特点是，挖掘了逆袭者和打破规则者，并分享他们的秘诀，从而为建立高绩效文化提供实用、周到、合乎逻辑的建议和范例。本书面向渴望自我颠覆，但又挣扎着不知如何去实践的公司或个人。

谨以此书献给不循规蹈矩者、不合时宜者、麻烦制造者，让我们共同努力，创造一个更加美好的世界。

致 谢
Acknowledgments

首先，非常感谢我们在本书和本网站中采访和展示的所有卓越的人力资源工作者、领导层不循规蹈矩者、首席执行官和企业家，你们一直是我们的灵感源泉，非常感谢你们花时间分享各自的故事。我们十分感激 Reward Gateway 的 359 名工作人员，他们在许多方面提供了帮助，特别感谢我们的认可主题专家罗威娜•贝里和凯莉•特勒尔、健康主题专家露西•塔里克、学习主题专家扎克 • 威尔金森和迪迪 • 基罗瓦，以及澳大利亚薪酬福利和认可主题专家凯利 • 格伦和詹姆斯 • 爱德华兹。雪莱 • 帕克激发了我们对领导力的灵感，而凯特林 • 刘易斯和查理 • 泰勒则让我们对沟通保持坦诚，同时专注于目标、使命和价值观。封面设计、品牌和所有插图都要归功于才华横溢的塞维 • 拉希莫瓦和利昂尼 • 威廉姆森。关于这本书的网站，我们要感谢拉德 • 乔治维。罗布 • 希克斯和乔纳森 • 伯格一直支持我们。感谢欧文 • 戴维斯和萨曼莎 • 马拉佐，他们帮助我们对 Glassdoor 进行分析。还要感谢我们所有的外部评论家，尤其是简 • 碧维亚，是他们帮助这本书走出可怕、混乱的状态。

特别感谢 Reward Gateway 的编辑克洛伊• 迪乌利斯（Chloe Deiulis），她与我们合作数月之久，同样感谢在纽约的文案编辑露丝 • E. 泰勒 - 卡特（Ruth E.Thaler-Carter），她一直工作到最后一刻，另外，两位编辑还竭尽全力纠正了我们糟糕的标点和语法。余留的错误几乎肯定是由格伦在露丝的最终审核后添加的（那时黛布拉已经离开了教学岗位，所以我们不能责怪她）。

让我们把最特别的感谢送给我们的主要内部审稿人罗伯·博兰和道格·巴特勒，感谢他们花费的心血、卓越的技能和坦诚的反馈，是他们帮助我们改善了许多章节内容的质量，并激励我们更加不循规蹈矩。

11 年来，我们在 Reward Gateway 对员工敬业度有了非常多的了解，并结识了许多出类拔萃的人，是这段愉快的经历，促成了这本书，所以我们感谢 Reward Gateway 的联合创始人：克里斯·惠特科姆、海伦·克里克、查理·墨菲和里兹万·坎瓦尔。你们都应该感到骄傲，因为你们开启了一件具有永久价值且意义非凡的事情，并且你们提供了它在生活中需要的培育和爱的开始。

我要感谢海伦·克雷克，她是 Reward Gateway 公司的创始人力资源总监。海伦从事人力资源工作，有过许多有趣的经历，包括从事 Express Dairies 的送奶工作和在英国航空公司的柜台值机，她在与我们四年的合作中教会了我人力资源和人事管理的所有基本知识。其中包括一些最重要的基本原则，即如何对待工作场所的员工，我们从那时起就一直使用这些原则并进一步发展了它。虽然《员工敬业度：快捷提升与案例实操》可能成书较晚，但诚实、透明、沟通和环境、善待员工、重视高绩效、与员工分享成功和财富等想法都来自海伦。我还要感谢特蕾西·梅勒，她在随后的几年里帮助我发展了这些想法。

安迪·沃恩于 2010 年到 2015 年期间担任 Reward Gateway 的主席，非常感谢他的耐心和理解，让我从一名自命不凡的企业家成长为一个稍微成熟的首席执行官和领导者（我是一个不可预测和叛逆的学生）。我也感谢我的朋友兼第一位投资者 Tenzing 公司的克里斯蒂安·汉密尔顿，感谢他在我年轻、脆弱和不谙世事的时候对我和公司的信任，同时感谢我的第二位投资者 Great Hill 公司的克里斯·巴斯比，感谢他在我担任 CEO 期间对我的耐心、支持和信任，尤其是在最初 18 个月的艰难岁月中。

最后，我还要感谢我妈妈一直支持我，还有我爸爸乔，他教我永远对人友善。特别的感谢送给我的好丈夫克里斯蒂安，感谢他对我的爱、耐心和理解，感谢他忍受这种疯狂。谢谢你等我，宝贝。

我首先要感谢格伦，她要求我合作写这本书时，我感到非常惊喜。与她合作非常愉悦，我相信这本书能改变我们对待员工的方式，给世界带来深刻的变化。在这段旅程中，我学到了很多东西，被人推着和挑战着用我从未想到过的方式思考，我耳边一直回响着格伦所说的话，“你为什么不能这样做？”我相信这会使我成为一个更好的人力资源总监和一个更好的人，对此我深表感激。

接下来，我要感谢那些在我作为一名人力资源专业人士的宝贵职业生涯中帮助我和塑造我的人。他们包括伊娃·塞奇·加文、比尔·汤普金斯、马特·马丁、丹·贝克、史蒂夫·福斯特、茶科莱亚尼和凯特·查普曼。他们帮助我改变了看待世界的维度，世界在我眼中从非黑即白变成绚丽多彩，为此我将永远感激。

最后一点，也是最重要的一点，非常感谢我可爱的丈夫肯，无数个夜晚和周末我都把精力用在这本书上，他安慰我，投入精力打点好一切。我的女儿克洛伊和儿子安东尼也很支持我，甚至耐心地听我一遍又一遍地谈论我刚刚完成的伟大的采访。谢谢大家的帮助和鼓励，你们都超级棒！

非常爱你的格伦和黛布拉

目　录

Contents

1

第一章

了解员工敬业度

本章目标

主要内容

- 建立员工敬业度与竞争优势之间的可靠联系。
- 明确员工敬业度的概念，了解员工敬业度会如何增值。
- 讨论技术给我们的经济带来的变化，以采取紧急且关键的行动。

要点

- 这是一本基于公司实际经验的实用书籍，适用于任何想改善业务的人，不管他们的角色或工作水平如何。
- 你必须打破常规做法（现实状况已经证明它们无效），打破常规是唯一能改变现状的方式。
- 请不要混淆员工敬业度与员工幸福感，二者截然不同。
- 请不要只把敬业度、经验、组织健康等行话挂在嘴边，那并没有用，还是开始行动吧。

引　言

一些公司的股票市场表现指标数值是同行的两倍。这些公司进行更多的创新，提供更好的客户服务，员工流失率只有同行的一半。他们因人而异地对待员工；这提高了生产力和营收，并遥遥领先其他公司。这些公司拥有最高的员工敬业度，多次调查量化跟踪结果以及指数数据表明，员工敬业度与真正的业绩之间存在关系。

这些公司已经找到了一种创建敬业度文化的方法——这种文化促使勤奋的员工在充满重重挑战与刺激的工作中得以很好的成长，也促使员工习惯于把公司和客户置于自己的需要之上。这些公司近 20 年来一直比同行表现出色。

在现代商业中，员工敬业度和业绩之间的联系是最清楚、可靠的联系之一。盖洛普民意测验、最佳职场研究所、最佳公司以及 Glassdoor（美国的一家做企业点评与职位搜索的职场社区，也是一家在线求职招聘网站）全都在分析员工敬业度，并将其与股票市场的表现联系起来。无论哪一项数据都表明，拥有员工敬业度高的公司才能打败其竞争对手。

仅盖洛普指数就有 3 000 万个数据点可以追溯到 20 年前：他们每天采访 500 名美国成年人，收集一年中 350 天的与员工敬业度相关的数据。结果发现，我们在几年前就已证明了的员工敬业度与企业绩效之间的联系。**现在该行动起来了！**

大公司直接将关联绩效与敬业度挂钩

英国零售商玛莎百货（Marks & Spencer）拥有 85 000 名员工和近 1 000 家商店，有大量的数据可进行统计。

> 员工敬业度排名在前 1/4 的商店获得最高服务评级的数量是其他商店的两倍，离职率比排名在后 1/4 的商店低 25%。
>
> 事实证明，高敬业度的员工交付更佳的客户服务，请病假时间更少。这让你感到惊奇了吗？不应该是这样。

然而，尽管有这些强有力的证据，但在激发员工敬业精神上，绝大多数公司要么未采取任何行动，要么采取的行动不够有力。由于在说服公司提高员工敬业度上进展不大，顾问不得不改变说法：“敬业度是一成不变的，而员工体验是鲜活的”“请忘记敬业度，考虑组织健康”——但实际上它们大致是一回事。

员工敬业度的问题不是我们现在指出的问题，而是我们未能对我们脱离工作场所的做法进行必要的根本性改变。

如果没有我们员工的集体劳动成果、独创性、选择和决策，我们大多数组织将毫无价值。简单来说，公司文化是指你如何对待员工，以及对员工从事的工作有何规定的一个术语。为了提升公司文化并提高员工的敬业度，我们不需要花哨的举措；我们需要从根本上改变对待为我们工作的员工的方式。

2014 年，《哈佛商业评论》对商业领袖进行了调查，71% 的受访者认为员工敬业度对其组织的成功至关重要，但这些领导者中只有 24% 认为他们的员工敬业度很高。这种差异就是我们所说的敬业度差距。

无论你如何收集、追踪或分割数据，结果都是我们几乎 3/4 的员工根本不关心我们的公司，他们既不关心我们的客户，也并非全身心投入工作。我们写这本书的初衷是为了帮助你改变这种状况，为你让世界变得更加美好的理想提供助力。

员工敬业度商业案例

事实证明，敬业度可交付业绩。许多领导者了解这一点，但是各公司在采取有意义且有效的举措以改善现状方面仍然面临重重挑战。

了解员工敬业度

目前，几乎所有提供人力资源服务的公司对其自身的定位都是培养员工敬业度，甚至是提供人力资源和财务服务的公司！你可能会想当然地认为这是最新趋势；是新创造的术语。

但事实是，**更好地对待员工，会获得更佳的业绩**，我们早在 100 多年前就已认识到了这一点。这句话非常重要，所以我们再重复一遍：**“更好地对待员工，会获得更佳的业绩。”**我们之所以有不敬业的员工，是因为我们欺骗他们；把他们放在了我们的对立面；给他们分配杂活，没有给他们自主权、鼓励或责任。敬业度桥梁这一模型将帮助你了解导致不敬业问题的原因，并向你展示解决这些问题的工具和策略。

也许，读到这里，你会想，你已经重视敬业度了，但是却没有看到效果，如果是这样，请你想一想：你切实改变了公司对待员工的方式了吗？因为如果你只是安装一个新的内部网，安装一个工具，让工作人员知道哪天是谁的生日，或者计算他们走了多少步——这些虽然也很好，但却远远不够。

为此，我们始终相信应以结果为导向界定敬业度。如果符合下列条件，我们认为这个员工是敬业的。

（1）了解并相信组织的发展方向——目标、使命和宗旨——让他们感受到比自己更重要的事物的一部分。

（2）了解他们的位置如何影响和促进组织目标、使命和宗旨的达成。

（3）**真正希望组织取得成功**并对组织的成功感同身受。他们通常会将组织的需求置于他们自己需求的前面。

你会发现，敬业的员工可以构建更好、更强大、更具弹性的组织。他们以下面三种方式做到这一点。

（1）**敬业的员工能做出更好的决策**，因为他们更了解组织、客户以及他们所处的环境。

（2）**敬业的员工更富有成效**，因为他们喜欢或热爱自己的工作——他们浪费的时间更少，不会让无法促进组织使命或目标实现的事情分散注意力。

（3）**敬业的员工创新能力更强**，因为他们真切希望组织取得成功。

人们很容易将幸福感和敬业度当作一回事，并且普遍认为，一个好雇主就会创造令人舒适的工作环境。这两种观点都不正确。

员工不敬业未必就不快乐。我发现有的公司的员工幸福感相当高，因为他们的工作条件良好，没有远大的目标，不用对事情结果负责。这往往导致最优秀的员工离开公司，而平庸的员工留下来，在工作之外找寻意义和自我实现。这对组织绩效来说非常糟糕，可以确定的一点是，这些公司不会拥有应对未来艰难岁月所需的韧劲和弹性文化。

敬业度对于员工来说更深刻、更富有意义，对组织也更有价值。随着当今业务日益加快，我们如今比以往任何时候都需要更敬业的员工。

采取行动的理由

技术在推动世界更快地变化发展，随之而来的是，竞争变得更加激烈。各公司正在以前所未有的速度进行创新和变革。产品生命周期缩短，制造端与客户端之间的联系更紧密，对流程改进和流程变更的需求从未如此之大。我们从未比现在更需要我们的员工。

只需看看新产品达到 5 000 万用户所需的时间。无线电是在 20 世纪初发明的，花了 38 年时间才拥有 5 000 万听众，但 100 年后，iPod 仅用了 4 年时间就拥有了相同规模的用户。而互联网只用了 3 年，Facebook 用了 1 年，愤怒的小鸟用了 1 个月！

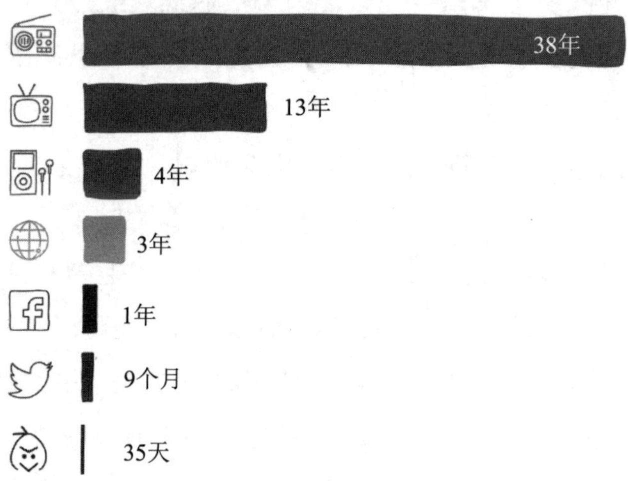

这种速度通常会为客户带来更好的结果，但也会带来巨大的不确定性。借助技术，拥有小规模、高敬业度团队的新玩家可以策略制胜，以业绩超越规模更大、应对更慢的竞争对手，比如诺基亚、宝丽来、百视达和博得书店。这些公司均以失败告终，因为当风力发生变化时，它们无法快速移动，无法足够快地重新组织或与客户保持足够紧密的联系。可以这样说，它们失败的原因是因为它们的企业文化出问题了。

伟大文化的特征是开放，诚实，勇敢，与客户联系紧密，拥有热情洋溢、敬业执着的员工——这些文化使公司能够对瞬息万变的市场和快速变化的环境做出及时的反应和响应。

如果连员工都不喜欢我们，如何使客户喜欢我们？

在当前新型、超动力、超快速、超竞争的经济环境下，我们需要客户爱上我们的品牌、爱上我们的产品，并且支持我们的公司。

只有员工喜欢我们才会带来客户对我们的喜欢吗？

说到底，敬业度是个人的选择

员工敬业度不仅仅适用于财大气粗的科技公司，也不仅仅适用于雇用大量年轻人的公司。每个人，无论年龄大小，都有权获得自己喜欢、感到满足的一份工作，每个公司都比以往任何时候更需要员工的支持。

20 世纪 90 年代，我当时为一家大型上市公司工作，尽管我们都是股东（因此你会想当然地认为我们都很敬业），但我并未和公司心连心，也从未想着努力发挥作用。

但是当我遇到雷时，这一切都改变了。雷在拉斯维加斯市中心的 El Cortez 酒店和赌场工作。我从他那里听到了一个非同寻常的故事。他在轮盘赌桌上工作了 25 年，告诉我 El Cortez 是一个好雇主，一个善待他的好公司。他全身心投入工作，所以他知道如何让公司取得成功。

如果我善待顾客，微笑并祝他们好运，那么他们就会回来。我希望发展回头客。弗里蒙特街上有很多其他赌场，客户可以在此消费，但我希望他们来这里消费。这是一份好工作。我想留住它，我希望赌场一如既往地发展。

我发现，其实在最艰难的条件下都可以塑造员工敬业度。2013 年，澳大利亚汽车公司通用霍顿（GM Holden）宣布将关闭整个制造工厂，这标志着该国国内汽车生产的终结。但是，当地领导者在敬业度方面做出的出色努力确保了每项关键生产和敬业度指标都得到了改善，每位员工都致力于确保从生产线上装配完成的最后一辆将是他们有史以来最好的一辆。

这表明无论你从事哪个行业，无论你从事哪个领域，无论你的公司处于哪个时代或阶段——你都可以使员工敬业度为你所用并发挥真正的作用。

提高员工敬业度只有进行时，没有完成时

不要时刻担心你目前的位置——只需关注你真的在行动，一点点在改变，并且是朝着正确的方向。

提高员工敬业度没有完成时或完美状态，而且即使一点点努力带来的结果都会让你吃惊。

请记住，成功的标准非常低——大多数公司都表现平平，正如敬业度统计数据显示的结果那样。如果你可以在敬业度桥梁中的两个或三个元素上获得20%的优势，那么你的员工将真正给你带来竞争优势。

行动起来

不要太关注本书章节的顺序。事实上，你需要了解敬业度桥梁中的每个元素，然后确定你面临的紧急且迫切的事项。

为了使事情简单化，并为你提供灵感，本书的一半内容是专门的案例研究，黛布拉（Debra）在剧中扮演“主角”，她在过去两年的研究中采访了数百家公司。除了本书回放的案例外，你还可以在本书的网站

rebelplaybook.com 找到更多案例。

我们的案例来自规模不一、历史各异的公司，有的公司预算充足，有的公司预算较低，通常还有的公司无预算。我们发现，并非只有风险投资赞助的创业公司或者资金雄厚的公司才能因员工敬业度的提高而带来惊人的业绩。我们也选择了各种类型的颠覆传统的案例——有的公司缓缓推进，有的公司大刀阔斧——那说明成为颠覆者的方式多种多样。

这本书中的一些东西听起来很古怪，你可能认为你在公司里绝不会这样做。请记住这是一部*颠覆传统的剧本*，这点很重要。我们目前对待员工的方式没有成功，只有走出舒适区，才能取得成效。如果某些内容让你感到有点不适应，那没关系，你完全可以利用它们帮你打破工作中的常规。

如果实现整个任务的希望看起来很渺茫，不要绝望，看在上帝的份儿上，不要放弃。不要从从未做过或还未完成两个维度看待员工敬业度的培养，而要看它是在前进，还是在后退。这是一个没有尽头的旅程，但最重要的是要行动起来。

2

第二章 敬业度桥梁概述

本章目标

主要内容

- 解锁敬业度桥梁，介绍十大元素。
- 展示各元素之间的相互关系，并解释关联元素与基础元素之间的区别。
- 讨论从何处开启你的员工敬业度之旅。

要点

- 敬业度桥梁是一个由十大元素构成的模型，可以帮助你确定和提高公司员工敬业度。
- 本模型助你深入了解该领域，你提供想法和工具。最终，你应该聚焦你能产生影响的地方。
- 从行动最快的地方着手——请不要浪费时间。重要的是旅程的方向和速度，而不是命令。本模型呼吁一切“贵在行动”。
- 敬业度并非只有两个极端，你永远无法尽善尽美，但没有关系——越努力，越接近完美。

引　言

敬业度桥梁构建的模型可帮助你思考可采取哪些方式，促使你的组织改变为你工作的员工。我们的目标是帮助你创造条件，让你的员工热爱他们的工作和组织。我们花了10年的时间，通过与全球2 000多家公司的合作开发出这个模型，你可以用它来制订一个为你所用的员工敬业度计划。

敬业度桥梁的十大元素

敬业度桥梁有七大元素关乎你的组织和员工，其余三大元素比较特殊——它们是支撑组织和员工的桥梁，分别是薪酬福利、工作场所与健康——没有这三大支撑元素，你的桥梁就没有稳固的基础。

每个元素都有各自的功用——薪酬福利、工作场所与健康三大元素坚守基础——单独一个元素无法吸引全体员工。它们是重中之重，缺失这些因素会完全破坏任何敬业度提高的可能性。如果我们试图寻找在过去10年中敬业度未得以提升的原因，那么我认为你所需要的是打造精致的办公环境以及发放一些津贴。这些都是有用的，但也只是你旅程中的一小步。

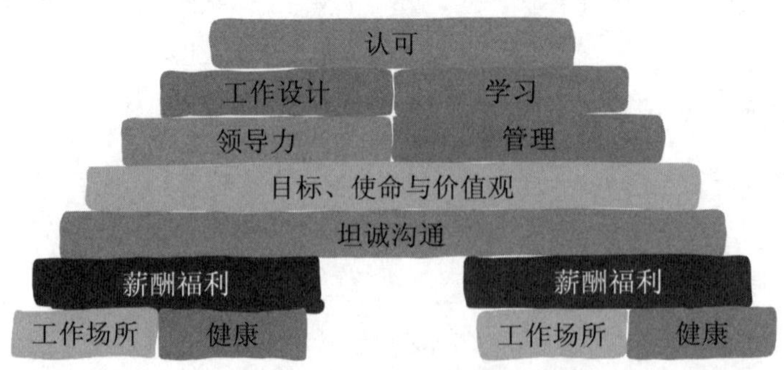

想象一下，有一座桥，跨越一条奔腾的溪流。你需要让你的员工渡过溪流，桥上的元素比如木梁，可以帮助你们。你可以用一根木梁架桥渡过小溪，但只有一条木梁，你无法一次使很多员工穿越过去，那样会摇晃不稳，不安全。再加一根木梁，结果就会变得更好，再加第三根或第四根木梁，桥真的会变得稳固。

但是溪流两岸泥泞又湿滑，你需要一个像样的底座，否则你的木梁会滑进去，然后被冲走。这就是支撑元素发挥作用的地方了——可以充当岩石。这些岩石为你提供了稳定的基础。没有它们，甚至很难开始。

如果你试着只用岩石建造一座桥，你肯定会失败。如果你建造一座桥时使用的木梁太少，这座桥也不会耐用。所有的元素都是有价值的，它们共同支撑起一个坚固而耐用的结构。每个元素的重要性和紧迫性取决于你的组织、你的环境、你的处境。

关联元素——木梁	支撑元素——岩石
坦诚沟通	薪酬福利
目标、使命与价值观	健康
领导力	工作场所
管理	
工作设计	
学习	
认可	

就像在一条小溪上架一座桥一样，你开始使员工穿过小桥时，整个敬业度桥梁不需要多么美丽、完整、完美。一些组织实现了非常卓越的敬业度——一些慈善机构是其中的佼佼者，勤奋地为它们工作的人们是被其治疗癌症或拯救熊猫的事业所吸引。这些慈善机构仅靠使命与目标就创造了极高的敬业度，但是如果它们在敬业度桥梁的其余元素上着手努力，它们会得到更成功、更有效和更持久的文化。

敬业度的提高永无止境

在开始看到敬业度呈现积极变化前，你无须使一切都所在正轨。敬业度的提高永无止境，最重要的是不断进步。

虽然我们仔细考虑了敬业度桥梁上元素的顺序和位置，但不要太过死板。虽然认可出现在顶部，但不代表它是最为重要的元素。对于很多公司来说，认可是很重要，因为它也非常直截了当，很多公司可能会从它开始。领导力和管理似乎是敬业度桥梁上无关紧要的部分，其重要性不及目标、使命和价值观的一半——我们将并列展示它们是如何相互联系的。

最后，你不一定非从顶部开始、自上而下，或从左边开始，然后全面贯通——你可以设定你自己的方向和顺序。我们的指导是从确保可以对你产生快速影响的地方开始——阻碍进步的是惰性。

解锁敬业度桥梁的概念

虽然敬业度桥梁含有十大元素，但是我们分为五部分予以讨论。

坦诚沟通

创造一种开放诚实的沟通文化是非常重要的，我们将其看作敬业度的基础。事实上，在我们合作过的 2 000 家公司中，我们还没有发现一家公司不在敬业度方面付出了巨大努力，但都做得不是十分成功。

开放诚实的沟通之所以如此重要，是因为它与员工的信任息息相关。没有信任，很难想象会有一个员工自愿把公司及其使命和目标放在首位的敬业文化。

目标、使命与价值观

以建立诚信和透明度为基准，设定明确的方向和目标，采取一致的行为方式驱动员工敬业度。人性的深刻在于愿意为感觉有价值、有意义的东西努力付出。仅仅是获得报酬以及为股东创造回报不足以让绝大多数员工感受到这种联系。他们需要的远非如此简单。

福特希望“进一步发展，使我们的汽车更好，我们的员工更快乐，我们的星球更美丽宜人”。澳大利亚企业软件公司 Atlassian 希望“释放每一个团队的潜力，通过软件促进人类的发展”。谷歌希望“整合全球的信息，使其随手可得，随处可用”。各个公司的口号迥然不同，但都能启发员工去追寻意义和目标。

领导力与管理

领导与管理分别是敬业度桥梁中独立的元素，但是我们将其并列介绍，以强调二者之间的关联。从某种程度来说，领导力是指企业口头承诺，而管理是指企业实际行为。首席执行官必须确保管理层践行领导的承诺。

如果领导者支持卓越的客户服务，致力于创新，对员工一视同仁，但本地化管理却未感同身受，也未被赋权或被驱动去实践领导者的理念，那么这属于不真实的文化。同样的道理也适用于流程和程序：如果公司口号是“提升客户满意度”，但是流程手册或计算机程序总是背道而驰，那么，这也是不真实的文化，你的员工很快就会发现这点。因此，我们把这些元素放在一起：因为它们本身密不可分。

工作设计、学习与认可

这三大元素是紧密相连的，因为我们知道，设计得最好的工作岗位、最成功和最敬业的职位从一开始就得到了认可（和可见性）以及学习（和开发）能力。在一个没有任何富有意义的产出，没有成就感，不会引起任何人的关注的枯燥乏味的职位上只是坚持一个认可计划和订阅一个电子学习平台，不会有任何效果。

从根本上说，为了提高敬业度，必须使员工置身于一个有一定程度的自主性和责任感的工作中，并产生有意义的结果，能够引起关注并获得认可。如果无法保持与时俱进，那么任何工作岗位都将失去吸引力。

薪酬福利、工作场所与健康

最后三个元素互不相同，因为它们是你的基础元素——支持你的敬业度策略。它们与互相关联的元素不同，因为你无法单独使用这些元素来培养你的员工的敬业度。

它们仍然是重中之重。如果你的策略中缺少其中的某些元素，那么你的敬业度桥梁就没有稳固的根基；如果你的策略中完全不包含这些元素，那么你根本不可能提高员工的敬业度。要特别注意薪酬因素，如果员工认为自己没有拿到应得的薪酬，就会离心。许多行业均面临薪酬压力，正确处理薪酬的过程隐伏着危险。

许多组织机构以员工福利开启敬业度之旅，抛出橄榄枝，以吸引人才。成功的关键是将此作为出发点，而不是最终点。

企业文化是敬业度桥梁的产出

我们经常被问到，敬业度桥梁如何与文化联系起来，或者为何公司文化不是敬业度桥梁本身的一个元素。集体行动（或者集体毫无作为）是公司文化的表现。敬业度桥梁显示你的投入。**你可以改变文化，但只能通过改变投入，也就是通过改变敬业度桥梁的元素来改变文化。**

敬业度桥梁上的一切事情均是你可以控制的。你可以任意选择在敬业度桥梁的文化元素中投入时间和资源，如果能得到良好的指导，这项投资将改善你的组织与员工之间的联系。

在开始建立敬业度桥梁并发展组织机构时，考虑你目前拥有的文化以及你期望实现的文化非常重要。指导公司的文化不仅仅是写下公司价值观那么简单。

行动而非语言诠释企业文化

你的公司如何作为——如何招聘、如何决策、如何运作、如何选择，这些通通体现在你公司的领导者和管理层的行动中。这塑造了企业文化。

这是最好的出发点，也是最佳的时机。在接下来的章节中，我们将引导你了解敬业度桥梁模型的十大元素，为你提供有关如何入门的实用技巧，并分享这个剧本中颠覆性公司鼓舞人心的故事或“戏剧”。在你阅读的过程中，想一想公司中谁会助你一臂之力，谁是志同道合者，谁又会加入进来。让他们和你一起读这本书，让他们参与其中并帮助你。

请记住，**我们在工作中对待员工的方式不再奏效**。这种方式导致这样一种局面：只有 30% 的人敬业爱岗，而一半人正在寻找新的工作机会。

这本书对我们目前的工作方式持批判态度，那是因为采取那样的方式没有取得理想的效果，我们必须做出改变——我们必须打破现状。

让我们行动起来吧！

3

第三章 坦 诚 沟 通

本章目标

主要内容

- 讨论坦诚沟通与信任之间的联系。
- 坦然面对HR因沟通欠缺导致的不信任。
- 认识到关键目标应该是建立员工充分信任领导层而畅所欲言的文化。

要点

- 坦诚沟通是提高员工敬业度的基础，因为它关乎信任。
- 这将需要各级管理者一起努力并承担责任。
- 要建立一种高度信任的文化，你必须接受异议、争论，允许各抒己见。
- 最好的公司在同事和部门之间培养全公司平级透明的文化。

引　言

敬业度桥梁的基础是坦诚沟通。你不必掌握每一个元素，也可在提高敬业度上取得进展，我们发现凡是那些没有真正动力，也没有专注于坦诚沟通策略的公司，都没有拥有良好的敬业度。

如果我们谎话连篇，那么将无人信任

我们一贯在工作中相互欺骗，导致彼此缺乏信任，这是造成员工离心的核心问题。我们一贯如此，早已深入骨髓，以至于我们几乎没有意识到这种状况的存在。

我们在培训年轻学生的*面试技巧*时，就开始告诉他们谎报在各级学校的表现。“面试技巧”是说谎的委婉说法——通过撒谎，展现不真实的自我，并非真正的自己，也并非全部的自己。公司在面试时也会欺骗应聘人员，招聘广告做虚假宣传，虚假承诺我们知道并不存在的完美职位。双方都如此用力掩盖真相，这也难怪 18 个月后离职率如此之高了？

在*职业精神*的幌子下，我们不断欺骗，所谓的职业精神是指，在工作中我们要遵循一些不成文的行为准则，即我们认为不应该在工作中表现出真实的自己。

我们谎称*长期就业机会*这样的概念，当然了，根本就没有这回事，然后在整个雇佣关系存续期间，我们都在谎骗，要么说得半真半假，要么隐瞒事实，要么言不由衷。我们自我安慰说，这样做是为了“保护我们的员工”，然而最终却导致员工因缺乏信任而与公司离心。

我们现在需要停止欺骗

公然向员工撒谎，说得半真半假，隐瞒事实，以及强势沟通摧毁了组织机构内的信任。结果形成“我们是我们，他们是他们”的文化，破坏了提高员工敬业度的任何可能性。如果你真切希望提高员工敬业度，你需要停止欺骗，建立信任。

本章将讲述激进，革命性、与传统做法相悖的观点，即说真话，保持透明，开放与诚实，就像小时候父母告诉我们的一样。

信任问题

自1990年以来，埃德曼信托晴雨表一直用于量化商业、媒体、非政府组织和政府的信任状况。2016年，埃德曼第一次审查了雇主和雇员之间的信任状况，发现组织机构内的信任度随着职位等级的降低而降低：

- 64%的高管信任他们的公司
- 51%的经理信任他们的公司
- 48%的埃德曼称为“普通”的员工信任他们的公司

要怪只能怪缺乏基本原则，未履行承诺，就这么简单。埃德曼建议道：“保持诚实，说到做到，犯错时要承认，沟通时提供背景并认真倾听。信任一个活生生的人要比名片上的头衔容易得多。”

我们必须对自己诚实：人力资源部应该承担主要责任，其次是其“共犯”——法务部门。它们花了大量的组织与员工的关系资本，试图逃脱起诉。他们制作的各种规定使政策烦琐复杂，似乎他们制定各项文件时觉得所有雇员都将欺骗我们，他们书写的合同条款是完全站在雇主的立场，也许最要命的是，在与员工沟通时他们赤裸裸地欺骗或者半真半假地忽悠员工。

悲哀的是，这种关系资本的大部分浪费在保护组织远离永远都不可能发生的理论风险上，即使发生这种风险，也绝不会花费太多费用。

“人力资源部的许多人每天上班的时候，都在想我们所有员工都会起诉我们。因此，我们制定了所有这些规则和政策。我们就不能尝试不同的方法吗？如果我们不用谎言惹恼他们，也许不会有那么多员工起诉我们。”

——帕蒂·麦考德（Patty McCord），Netflix 前首席人才官，著有《奈飞文化手册》（*Powerful*）

为了避免某人离开的尴尬或为了遵守仓促之下达成的书面和解协议，企业往往很少透露员工离职的原因。这滋生了恐惧和怀疑情绪。员工只会记得“那个不错的小伙子被无缘无故地解雇了，也许他的脸不合群”，即使事实完全是另一码事。恐惧和怀疑总会填补信息真空。

我在英国 Reward Gateway 公司担任首席执行官时，制定了一项政策，我们永远不会在和解协议或任何其他合同签署中放弃解释员工离职原因的权利。每当你掩盖员工离职的真正原因时，你就会破坏员工的信任，而这种信任太难以获得，而且太有价值，绝不能失去。

沟通不足构成“犯罪”

沟通不足也会侵蚀信任。你肯定了解下面这个故事：销售业绩不及预期，你考虑裁员，这时如果你把裁员的打算公布出来，会使人心不稳，员工会担心他们工作不保。你选择不事先声张，直到做好裁员准备时，直接付诸实施。

关于坦诚沟通，美国家庭影院（HBO）首席执行官理查德·普莱普勒（Richard Plepler）有一句名言：“连办公大楼都知道真相。”每个人都清楚业务中出现的问题，因为他们看到身边的销售团队未达成目标，看到经理们忧心忡忡，也注意到举行的闭门会议。

“如果你希望员工做出与你相同的决定，但是以更具可扩展性的方式，你必须为他们提供你掌握的相同的信息。”

——基斯·拉布瓦（Keith Rabois），PayPal、领英和 Square 投资人

虽然所在的团队未实现预期目标令人失望，但了解事实真相意味着你的员工可以开始参与解决问题。但是有太多人所在的公司既没有实现预期目标，也把员工蒙在鼓里或欺骗员工。这瓦解了信任，恐惧趁机而入，员工与公司离心。

沟通是指倾听和倾诉

我在与首席执行官和人力资源领导交谈时，他们中有很多人谈到担心无法获取一线员工的真实想法，担心员工不会大胆说出内心想法，我至今记忆犹新。然而，极少有领导会真正付诸努力，营造员工畅所欲言的文化氛围，也许他们认为不需要付诸努力，那就会神奇地自动出现。事实是，要形成一种能听到真相的文化，需要付出巨大的努力。

问题出在公司层级结构中。顶层手握大权，但所有信息掌握在基层员工手中。西德·尼吉田（Sidney Yoshida）于 1989 年实施了一项具有里程碑意义的研究，题为“无知的冰山”，他在该研究中对此问题进行了量化，结果发现只有 4% 的组织机构一线问题为高层管理人员所熟知，9% 的问题为中层管理人员所熟知，74% 的问题为一般管理层所熟知，而 100% 的问题为普通员工所熟知。

如果我们要改善这种信息流状况，那么需要从多个维度发力。就顶层

来说，我们需要帮助高管了解从哪里获得信息，并培训以无威胁性的方式挖掘信息。这包括开拓一条渠道，鼓励基层员工与他们对话，并设立允许员工在想要或需要时匿名执行此操作的机制和技术。

无知的冰山

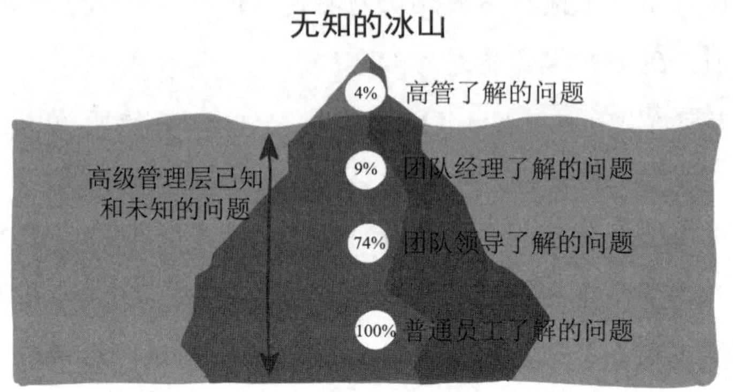

对于中层来说，我们需要创造这样一种环境：让管理者们感觉不必展示完美或隐藏问题。我一直要求我的直接下属完全诚实，并告诉他们，如果他们告诉我他们部门的每件事都是完美无瑕的，我会认为要么他们在撒谎，要么对部门状况一无所知或者评价的标准太低。

对于基层来说，我们需要授权、鼓励和奖励那些敢说敢讲的员工，并确保他们不会受到评判或报复。高管们需要对所有的反馈做出回应——由于很难获得员工的反馈，因此关键是要鼓励员工勇敢反馈。

实　践

颠覆传统者孜孜以求的关键结果

在研究那些对建立开放诚实的沟通文化取得重大进展的组织机构时，我们发现它们主要受益于以下三个方面。

改善信任。最明显及可量化的优势是同事之间、同事和管理人员之间以及同事和公司领导层之间加强了信任。

更好地调整目标。让我们的员工朝着同一方向前进仍然是一项关键的业务挑战。企业沟通方式的改进使更多员工在足够详细的基础上理解和信任公司战略，从而为他们自己的日常决策提供信息。

低风险决策。开放透明的文化改善了决策的质量并降低了风险，因为负责决策的人可以参考同事提供的信息、发表的意见，以及与他们讨论问题。这些完全开放的文化孕育着最好的思维。

主要的颠覆传统的行为

我们发现各公司主要采取以下五种方式来开启开放诚实的沟通渠道。

1. 保持透明

颠覆传统者使一切开放、透明、公开，除非绝对必要，否则不会将某些东西设为私密或仅限于一个团队、团体或部门使用。他们使用像 Slack 这样的开源式信息传递技术，在谷歌在线办公软件这样的开放式系统中进行协作，并且认为保密应该受到质疑和挑战。

“尽可能早地与你的员工进行开放式沟通。员工更有可能支持他们了解的事情。”

——海伦·克蕾克（Helen Craik），Reward Gateway 联合创始人兼早期文化创造者

2. 解释原因

颠覆传统者以独特而高效的方式传达公司决策和战略。他们非常重视解释“为什么”，所以在进入“怎么做”之前会衡量关键决策背后的原因和思维。

3. 接受异议、分歧和不同的意见

颠覆传统者经常倾听。他们重视意见多元化，并创建持不同观点的人的团队。他们为员工创造了多种渠道，以便于其在日常工作中定期向领导层分享其观点、想法和关注点。

4. 带着热情和情感保持沟通

颠覆传统者广开言路，保持沟通交流。他们传递关键信息，并且习惯性地假设，沟通永无尽头。他们向员工分享自己的人生故事，以培养良好的关系，并不断询问“员工听到或读到这些内容时会有什么感受？”

5. 投资于横向透明度

颠覆传统者创造了这样一种文化：同事之间彼此坦率、诚实，部门之间坦诚相待，彼此信赖，并且在业务中开发高度的横向透明度。他们鼓励不同团队的员工进行社交交流、社交认可以及开放的指导工具，借此建立社会关系。他们倡导员工不断反馈、保持改进的文化，作者金•斯科特（Kim Scott）称为“建立一种坦诚相待的文化”。

从头开始

提高透明度几乎不会花费任何现金成本，但需要管理层与员工之间持续开展对话，领导层真正承诺，以及下决心在沟通上打破人力资源和公司多年来一直采取的做法。

发自内心地沟通——书写信函时请牢记你在与人沟通。思考每个部门在看到公司信函时会有何感受。提前考虑他们的问题和目标并提前一步解决这些问题：直接将其纳入问答部分的文档中。永远不要回避难题，尽可能让一些直言不讳的员工帮助你尽早揭露难题；发现问题总比未发现要好。如果你宣布的某些内容与先前的公告不符，请拷问自己类似于这样的问题“这与我们上一季度所说的相矛盾吗？”并诚实回答每个问题。可以在 rg.co/intcomms 上找一些例子。

重复并获取他人评论，但不要因获得共识而妥协。妥协是明晰的敌人。委员会的写作亦是如此。你征求意见和建议，并不意味着你应该采纳它们。一些最糟糕、最令人困惑的文件——作者无法识别，读者无法理解并且缺乏任何所有权的文件是这样出炉的：作者请 8 个人审查某些内容，每个人都添加了一些内容，然后作者通常会全盘接受，因为他们害怕得罪某个人。

一小群真正的一线员工提供的反馈比询问所有领导团队的想法要有价值的多，所以尽量建立一个值得信赖的小团体，他们了解你的员工的大致概况并且可以大胆直言。

尽可能调动每个渠道；重要的事情说三遍。我们的注意力现在非常分散——事实就是如此。你需要接受没有任何一个渠道可以覆盖所有员工的事实。甚至没有一个渠道可以覆盖 20% 的员工，但五个渠道叠加在一起可能达到 60%，这是一个很好的起点。

努力克服你对社交媒体渠道的恐惧或厌恶——这些正是你的员工关注及获取信息的渠道。使用这些渠道推出来自企业内部网的文章，在机密性允许的情况下，分享整篇文章和故事。利用多渠道多次重复交流。记住："沟通的最大敌人是错误地认为已经沟通。"

透明沟通工资：Buffer

背景

社交媒体公司 Buffer 以其激进的沟通方式和透明度而闻名。该公司分享所有 71 名员工的工资，将其发布在公共网站上供全世界查阅，这是前所未有的事情。该公司不仅公布工资，还公布它的客户定价模式、收入、股权赠款，甚至用于退休和津贴的资金。为什么？为什么该公司会采取这种大胆透明的方法？要回答这个问题，你必须考虑十大元素之一，**保持透明**，它解决了与两个群体的透明度问题。首先是与员工的透明度，随时和员工坦诚地交流想法。首席执行官乔伊·加斯科因（Joel Gascoigne）表示，原因在于"透明度会培养信任，而信任是团队合作的基础"。其次是关于客户合作的透明度，以透明的沟通作为帮助他人的工具。"采取附加措施并将其公之于众，是将这种信任扩展到不同的人群——为透明度塑造角色模型，分享给客户、博客读者和未来的团队成员。”加斯科因说。

戏剧

随着公司不断发展，Buffer 分享工资的透明方法也在不断改进，并且日益完善。它首先与最初的 10 名员工分享工资，解释每个数字背后的基本原理和公式。在内部沟通之后，公司采取了下一步措施并与外部分享工资。正如加斯科因当时写的那样，“我们希望这有助于其他公司考虑如何决定工资，也欢迎社区给我们提供反馈”。

Buffer 采用和分享的方法是它的“透明工资公式”。现在，第三版中的公式是基于来自内部和外部的反馈改进后制定的。该公式的初衷是制定能够提供良好生活标准的工资，它考虑了职位的市场价值、员工的位置和经验水平。正如加斯科因所说，透明的薪酬“让员工少一些担心或八卦，并实现一定程度的公平”。欲了解更多相关信息，请访问 rg.co/buffersalaries。

该公司已经看到了这种透明方法的真正好处。首先，一经投入使用，求职者增加了 50%。这种方法也可以帮助申请人尽早了解 Buffer 的文化，这样他们很快就能够决定 Buffer 的独特价值观是否适合他们。此外，这也符合公司帮助他人的目标，人力资源总监 Courtney Seiter 指出：“为他人提供蓝图，消除薪酬不平等，使其在这个透明的环境中无处可藏。”

实　践

- 对于某些公司来说，这似乎有些脱离常规，但是你仍然可以采取一些措施（无论多么微小），使薪酬沟通更加透明。无论是你的薪酬理念、薪酬实践还是薪资范围，都要采取措施，使其对你的员工更加透明。

“展示和讲述”新模式保持沟通畅通：Wistia

场景

在互联网视频托管公司 Wistia 只有 7 名员工时，该公司保持每周开例会的传统，这是在小团队中保持沟通渠道畅通的方式，每个人在例会上都可以了解到他们每周所做的工作和学习的内容。然而，公司发展到 100 人时，该公司面临着保持这一重要传统的挑战。开例会的方式是否仍然有效，或者传统方式是否应该被搁置？

最后，该团队认为因这种沟通传统极其重要而无法放弃，因此他们将其进行了改进，使其适合新的员工队伍。该公司创始人兼首席执行官克里斯·萨维奇（Chris Savage）说：“这些会议对我们的业务至关重要，因为它创造了重要的文化时刻，员工聚集在一起，碰撞出创新的火花。”

戏剧

Wistia 的新模式是每周召开 30 分钟被称为“展示和讲述”的全员会议。模式很简单：任何人都可以分享 5 分钟（或更短）的演示文稿；员工分享创意、项目和客户互动情况；最后但同样重要的是，每个人都为其他人欢呼。就像孩子的游戏一样，孩子们带来并分享他们珍贵的东西，员工自豪地分享他们已经完成的工作，以获得同样兴奋的感觉。

萨维奇说道：“随着我们公司不断发展壮大，会议已经完全聚焦于真正有价值的内容，毫无废话，每个人都集中精力展示并讲述他们的每周任务。但是，对于奇思妙想感到兴奋至关重要。这就是员工保持积极主动地以原创方式构建、计划、设计、编写、制作和工作的方式。也是公司成长的方式。”

结果是团队成员联系更加紧密，彼此更加坦诚，充分分享各自的优点和缺点，公司和产品也受益于每一次这样的“展示和讲述”例会。

实　践

- 构建自己的“展示和讲述”游戏规则，以帮助你的员工深入了解业务状况，并创建沟通渠道。

为每位员工提供“了解我”指南，彻底改变团队合作：BetterCloud

场景

BetterCloud 创始人兼首席执行官大卫·波利蒂斯（David Politis）在参加《纽约时报》举办的“新工作峰会”（New Work Summit）时，受到了《纽约时报》专栏作家亚当·布莱恩特（Adam Bryant）主持的会议的启发。布莱恩特的会议主题为“首席执行官的用户指南”，会上谈到了首席执行官创建“如何与我合作”指南对员工的重要性——可帮助员工了解与其合作并获得他们信任的最佳方式。

“多么棒的想法啊——我过去怎么就没有想到这样做呢？”波利蒂斯说。他非常认可这个想法，并邀请全体员工创建自己的指南。正如波利蒂斯所解释的那样，他又想到“为什么仅限于学习如何与 CEO 合作？在团队内部和团队间的互动中，学习效果似乎更加明显，毕竟他们每天的互动比与我的互动更多。所以我向前推进了一步：我决定让整个公司创建用户指南”。

这种方法和工具对团队成员更有效地合作产生了积极影响，增加了信任和合作，从而加强了工作关系。

戏剧

“与我合作的指南”概述了你喜欢什么，不喜欢什么以及你如何最有效地工作。正如波利蒂斯所说，“这是一个万能‘备忘单’，让同事们能够快速有效地了解彼此，从而使他们能够更有效地合作。”

波利蒂斯在公司会议上介绍了这个概念，解释了他认为指南很有价值并与员工分享的原因。然后他要求每个人拿出他们的笔记本电脑，并开始练习创建他们自己的指南。“我从没想过，公司的每个人都在同一时间打字——他们如此专注，没有人说话或抬头；每个人都只是不停地打字。但最酷的部分是当我们完成各自的指南并且回到各自的办公桌时：我注意到每个人都将自己的指南放入共享驱动器文件夹中并积极阅读彼此的用户手册，好奇地了解更多信息。”波利蒂斯说。

这些指南已经成为公司的一部分，它提供了一个简单的工具，鼓励有关沟通方式和有利于了解彼此的对话。它们带来了更高效、开放和透明的环境。

实　　践

- 在贵公司创建自己的“如何与我合作”指南，即使最初只是在领导团队层面创建。它们将以开放、诚实和透明的方式展现领导团队，从而帮助弥合员工的信任差距。请参阅 rg.co/guidetome 上的示例。

迎难而上，做好沟通，提升业务：霍顿汽车公司

场景

2013 年，澳大利亚最大的汽车制造商之一霍顿面临着重重挑战——业务和员工敬业度都面临着考验。在得知该工厂将在四年后关闭之后，领导层必须做出一些困难的决定：何时关闭，如何通知员工，以及如何在剩下

的时间里管理业务。

其领导团队制定的战略和方法是提高员工敬业度的典范，如果考虑到他们当时的处境，这更令人惊讶。在那种情况下，其他公司可能会将重点放在缩减业务上，霍顿则决定反其道而行之，提升产能，专注于人才。人力资源总监杰米·盖古德（Jamie Getgood）表示，“如果我们领导团队所做的只是缩减业务，我们将会令我们的员工和客户失望。我们的员工真正关心彼此，我们生产的车辆一辆比一辆好。”

戏剧

霍顿对员工的关注是全面的，同时也是同行里最好的，以至于面临类似挑战的其他公司开始寻求霍顿的帮助。霍顿的举措涉及以下内容。

- **透明的沟通。**揭开过去存在的秘密面纱，创造一种透明的双向沟通方法。首先是立即告知员工工厂关闭的消息，并在整个过渡期间不时通知该消息，尊重和信任员工。
- **提高对员工关注度。**投入资金和精力，改善员工体验。无论是维护花园、升级浴室，还是进行全公司活动和事件（例如经典的汽车日、家庭日、慈善活动），霍顿都在很多方面向员工展示了公司对他们的关心。
- **重塑员工—领导关系。**领导团队每天进行生产巡查，以在这个关键时刻与员工保持密切联系，了解业务和员工的需求，并予以解决。
- **加强过渡期支持。**盖古德说，采用三阶段方法“支持并给予员工信心，为下一段职业生涯做好准备”。第一阶段帮助员工认清现状，第二阶段帮助他们寻求更多职业机会，第三阶段提供新职介绍服务。82% 的员工参与了该计划，取得了巨大的成功。

通过这些新举措，过去 4 年霍顿对员工的花费比之前 10 年都要多。

这些新举措发挥作用了吗？当然！该公司的工作场所最佳量化（包括敬业度）增加了 20% ～ 30%，这非常惊人；出勤率得以提高；流程得到改进；并且该设施内建造的汽车质量达到了世界一流水平。霍顿的员工众志成城，切实支持公司，离开公司时昂首挺胸，为在这个充满挑战的时期所取得的成就和业绩而感到自豪。

实　践

- 无论情况好坏你都可以也应该保持良好的员工敬业度，在任何处境下，它都可以对你的业务起到支持和推动作用。
- 寻找机会尽可能经常地与你的员工互动。他们的意见很有价值，可以帮助改善业务运营。

集成所有元素，创造敬业度：卡卡圈坊澳大利亚公司

场景

甜甜圈和咖啡连锁店卡卡圈坊热衷于提供美味，为客户和员工创造幸福时刻。该公司的关键策略是与员工保持联系，秉持的价值观是，专注于打造拉近人与人之间距离的情景和场所。

该公司认为建立这种联系的关键方式是沟通交流，但没有找到一种可扩展的方法，使员工与业务目标和公司价值观保持一致。多年来，该公司使用各种方法和媒介与多个区域的 850 名员工进行沟通，但领导层认为重要的信息并未传达给所有员工。“我们的目的是让员工了解他们日常工作之外的业务，以及他们如何适应大局的环境。我们相信这有利于提高敬业度，并展示卡卡圈坊公司的工作能力。”卡卡圈坊澳大利亚公司的负责人

莎莉·帕克（Sally Park）说道。

其结果是创建了一个在线交流中心，以开放、诚实和透明的方式共享信息。“这是我们开启我们如何以及何时与员工沟通的旅程的开始。它为我们提供了一种工具，可以改善当前和未来与我们员工的互动、信任和联系。”帕克说。

戏剧

卡卡圈坊开发了一个名为“KK Mixer”的集中式交流平台。该中心定期更新企业信息，例如新的促销活动、销售结果、社区参与甚至是制作的甜甜圈的数量（非常重要的信息！），使员工知晓卡卡圈坊的文化和业务目标。该中心还提供其他工具，例如福利和认可，因此所有员工都可以轻松访问该平台。

该平台的一个常规功能是定期更新卡卡圈坊澳大利亚公司首席执行官安德鲁·麦奎根（Andrew McGuigan）及其各部门主管的动态。通过分享成果、进展甚至挑战，帮助员工了解公司的情况，加强对业务和战略的认识。

“推出 KK Mixer 后，我们将人力资源沟通职能转移到这样一个品牌化的文化驱动平台，员工喜欢通过该平台进行互动，”帕克说，“他们在与平台互动时，会进一步了解公司情况，以及如何努力使公司成为一个更好的工作场所。我们也将继续学习，同时也将继续发展 KK Mixer，以满足我们业务不断变化的需求。”

实　践

- 将你的沟通材料集中在一个地方，实现便捷的员工沟通，并向他们展示你对公开透明的沟通方式的承诺。
- 像关心和关注与客户进行的沟通一样对待与员工进行的沟通，向员工展示你致力于创造最佳员工体验的承诺。

为员工提供一席之地：汇丰银行

场景

欧智华（Stuart Gulliver）于 2011 年成为汇丰银行集团首席执行官时，他认识到国际银行需要进行文化转型，为企业发展设定新的目标，为 23 万名全球员工沟通和合作设定新的方向。集团通信负责人皮埃尔 • 戈德（Pierre Goad）表示："我们需要了解'21 世纪头 10 年'中出现的问题，为我们的员工创造适当的环境，让他们了解公司的情况，共同承担责任，实现转型。"

这一目标为汇丰的沟通战略以及"汇丰交易所"计划的制订提供了更为渐进式的途径。该计划不仅为行业建立了公开透明的沟通方式的标准，而且对汇丰银行产生了深远而积极的影响，其中包括交易所参会者与未参会者之间关键情绪量化的 10% ～ 20% 正差异。

戏剧

汇丰交易所以"闭嘴和聆听"计划而享誉在外，旨在帮助将沟通从单向非"自由流动"的方式转变为可在各个方向进行多方对话的情况——自下而上的沟通、自上而下的沟通、同事之间的沟通。这是一个独特的座谈会，可以帮助员工自由分享他们的想法和观点，然后实现信息自下而上的顺畅沟通。它为汇丰银行的新型沟通奠定了基础，鼓励并创造环境，使员工不仅可以畅所欲言，而且觉得自己有责任这样做。

交易所会议有三个简单的规则：经理不发言只会倾听，没有议程，时间属于员工。主题可以是食堂供应的食物，局部流程或影响公司的大问题——员工决定主题。"在第一次会议中，围绕着问题或抱怨进行讨论，你会想到这种情况，因为员工需要敞开心扉。但随着时间的推移，讨论和主题变得更加广泛——有些是关于客户，有些是关于提升我们的产品或改善客户服务，还有一些是关于员工如何在自己的职业生涯中发展。”戈德说。

汇丰银行在计划启动时遇到了一些挑战。许多管理人员发现现场安静的让人感到不舒服，也茫然不知所措，但他们很快意识到这种方法的价值，发现了他们取得的成果。许多员工不知道如何参加此类会议。“在会议前10分钟，员工经常沉默地坐着。然而，现在会议像平常一样，交流非常顺畅，员工理解并认可他们的角色和发言权。”戈德说。

该计划成功的关键在于汇丰银行没有为会议的召开时间制定固定的时间表，也没有强迫管理人员召开会议。员工很快意识到了自己的价值，这就激励他们自觉地组织召开会议，这样的结果证明了一切。汇丰银行真正创造了一种“畅所欲言”的文化，使23万名员工在会议上占有一席之地，开展对话，促进变革。

实　践

- 找到创建座谈会的方法，让员工敢于发言——这对员工和公司都有好处。
- 不要觉得你必须推动和强迫改变；让结果本身来说话，这就足以让你的员工接受它。

4

第四章

目标、使命与价值观

本章目标

主要内容

- 研究明确制定的目标、使命和价值观（PMV）对敬业度至关重要的原因。
- 讨论激励人心的使命如何成为获得员工支持的关键所在。
- 了解制定和贯彻公司价值观的方式在指导行为方面发挥的关键作用。

要点

- 公司需要一种鼓舞人心和真实的使命以及被普遍接受的价值观，以支持和推动企业发展和员工成长。
- 明确且沟通良好的PMV激励员工，连接客户并创造一致性。
- PMV不应仅是口头承诺：它必须是充满活力的。言行不一是不可靠的，并且可能成为一个关键的离心因素。
- 在组织中真正贯彻价值观会产生巨大影响，因此请确保它们是正确的。这虽然需要时间，但非常有价值，所以现在就开始行动吧。

引　言

我们在上一章讨论了坦诚沟通的重要性，并解释说明了这是塑造员工敬业度的基础。如果沟通是你建立敬业度文化的基础，目标、使命和价值观（PMV）则为你的敬业度文化指明方向，指导你实现目标的工作方法。

我们首先定义一些关键术语，这些术语一一对应下面的关键问题：

- **使命**——你的组织承诺的最终目标是什么？
- **目标**——为什么要实现这个目标？谁会从中受益？
- **价值观**——你的公司会如何实现目标？

不要痴迷于使命和目标，或者担心精确的定义。只需研究你的组织要做什么、为什么这很重要、你将如何做到这一点。

下面用英国 Reward Gateway 公司的 PMV 进行举例说明。

使命（是什么）	目标（为什么）	价值观（如何做）
让世界成为一个更好的工作场所	我们相信员工值得拥有伟大的工作，因为有意义的工作符合人性中的深刻需求 我们相信敬业的员工可以创造更优秀、更强大、更成功的组织	满足客户需求 人文关怀 全球思维 突破界限 畅所欲言 拥抱机会 热爱工作 努力工作

使命至关重要

一个发展良好、目标明确、鼓舞人心的使命将：

- 为员工创造远大而有意义的工作目标，这将对结果产生积极的影响。
- 在更深的层次上与客户建立联系。
- 支持长期决策，使每个人都有一个明确的共同目标。

在工作中感受到意义感和目标感的教师能更好地应对压力，有更好的工作表现

和急救人员、核电厂操作员和医生一样，教学是一个高倦怠率的职业。沃顿商学院的亚当·格兰特（Adam Grant）教授专注于研究高薪酬、有动力和有意义的工作，他研究了压力和职业倦怠之间的关系，以及教师自我感觉对工作的影响。

他发现，那些确信自己的目标，真正觉得自己的行为对学生的生活产生了有意义影响的老师，能够明显更好地处理工作，避免倦怠。用他的话来说：

“当他们知道对学生有多大影响时，他们能更好地应付工作压力源。因为他们的工作影响深远，所以值得忍受长久的评分和行政上的繁文缛节以及愤怒的父母。”

——亚当·格兰特，沃顿商学院教授，著有《离经叛道：不按常理出牌的人如何改变世界》（*Originals: How Non-conformists msve the world*）与《沃顿商学院最受欢迎的思维课》（*Give and Take*）

一个鼓舞人心、明确的使命不会孤立地给企业带来敬业度文化，然而叠加价值观、使命、操作流程和雇主品牌，则会创造一个有情怀的强大组织。

你能做到的一个方法是写下你公司的座右铭——试想一下，你希望他人如何看待你的公司。思索最终目标以及你希望人们如何记住企业可以帮助你定义你用以实现目标的行为。

企业价值观案例

如果说你的使命是一个路标，指明你目前的位置以及前进的方向和努力的目标，那么你的价值观则应该规定你希望实现目标的行为。

做到恰如其分，这是你将要做的最有战略意义的事情之一。虽然让员工参与制定这些价值观是一个好的做法，但最终应该由高层确定这些价值观——你的 CEO 和领导团队。从下面两个原因说明这样做的必要性。

（1）需要多年的付出、自律和承诺来使你的价值观深入人心。需要你的董事会认识到，这是一个长期的过程，并且如果他们认为面临即将到来的企业变化，可能会让你步入歧途或者暗示你选择了错误的价值观，你也需要向他们发出警告。

（2）如果你正确地使员工牢记价值观并予以遵循，它们将发挥作用：将真正改变你的组织的行为。这意味着你必须确保价值观是正确的，否则你将使整个组织陷入错误的方向，并对企业业绩产生负面影响。

制定或改变价值观

根据你的情况和你想要达到的目标，你可以（并且应该）以不同的方式制定价值观。仔细考虑你想要实现的目标，因为正确实施时，价值观才会发挥强有力的作用。

情　况	建议的策略
你已具备良好的文化，并且你希望发展壮大后延续该文化	与员工互动，记录他们看到的企业变化。在条件成熟时，扶持你的员工做一个基层项目是非常有力的举措
你的目标是在过去辉煌成绩的基础上调整重点或增加新的内容	与员工保持联系，但要求他们记录看到的变化，从而增加更有雄心的价值观，或进一步阐释你目前价值观的内容
你需要在紧急情况下修复支离破碎的文化	只有当文化变得支离破碎，并且你面临丑闻或企业绩效出现真正的问题时，你才应该考虑强加上述新的价值观。然而，坚持到底是最重要的，虽然有些残酷——许多现有员工可能无法或不希望接受这些新价值观

你的价值观代表了你的组织的形象，因此对你来说，价值观应该是独一无二的，并使你与众不同。员工对公司价值观经常做出的批评之一是，价值观平淡无奇，与其他公司一样。

考虑到这一点，让我们来看下面三个完全不同的例子。团队信息公司 Slack 是一家发展迅速的创业公司。4 位共事 10 多年的人士创立了该公司，他们信心满满地从一开始就写下了希望在其业务中呈现的价值观，并发展为一种文化。

Slack 总部位于硅谷，地处世界上最伟大的工程型人才之争的中心。为了吸引合适的人才，该公司专注于创造与其他科技公司截然不同的价值观。该公司尤其热衷于宣扬所谓的“文科学位无用”，并且制定了温暖的情感价值观，以脱颖而出。

“我们并不想要与其他公司一样的价值观——比如你知道的，‘诚信和尊重’等。我认为这些是默定的内容。每家公司的价值观里都有这些内容。我们想要真正思考 Slack 的特别之处、独特之处，我们真正的特点。”

——斯特瓦特·巴特菲尔德（Stewart Butterfield），Slack 创始人兼首席执行官

结果他们创造了下面 6 项独特的价值观。

Slack 的 6 项价值观（欲了解详情，请访问 rg.co/slack）：

①礼貌；

②共情；

③精湛工艺；

④趣味十足；

⑤共同发展，茁壮成长；

⑥“共同发展”包含第六条价值观：团结。

Slack 在其产品中传递上述价值观，让人感受到其拳拳之心和殷殷之情：

每次用户登录时，都会看到布琳•布朗（Brené Brown）鼓舞人心的话语——布琳•布朗专注于研究并分析员工的遗憾和脆弱。

在西雅图的**亚马逊**海岸上，14 项领导原则取代了企业价值观。这本身就表明亚马逊最看重领导者和领导力。

亚马逊的14项领导原则——欲了解详情，请访问rg.co/amazon		
客户至上	雇用并培养最佳员工	取得信任
所有权	坚持最高标准	追根寻底
创新与简化	放大格局	获得支持、异议和承诺
做正确的事情	崇尚行动	交付成果
保持好学心和好奇心	节约	

在亚马逊的领导力招聘流程中，对每项原则都经过仔细评估。每个候选人都必须能够提供一个详细的例子，说明他们是如何践行每项原则的？如果单项原则无法证明或认为不足以证明候选人的领导力，则将拒绝候选人，无论其技能、经验或其他方面如何。亚马逊专门根据这些领导原则进行招募和宣传，使其成为公司的核心。

奈飞（Netflix）公司的价值观体现在公司希望所有员工表现的行为上。历经 8 年的发展，奈飞从 DVD 邮件业务发展为世界领先的视频流媒体平台，再到如今的原创节目的内容创作平台，公司的 9 项价值观助力打造了其独特的文化。2017 年，奈飞新增了第 10 项价值观“包容”，以适应该公司新的全球客户群。

奈飞的10项价值观——欲了解详情，请访问rg.co/netflix		
判断力	勇气	无私
沟通	激情	包容
好奇心	诚信	影响力
创新		

创始人里德•黑斯廷斯（Reed Hastings）与首席人才官帕蒂•麦科德（Patty McCord）共事 14 年之久，致力于创造一种独特的文化，为人才提供比其他组织更多的自由和责任感。黑斯廷斯和麦科德认为，企业会不断发展壮大，事情会越来越复杂，他们会为高绩效团队雇用更强的人才。他

们不是冲动地增加流程安全，而是会给予越来越多的问责自由。

因此他们支付了市场最高工资，并对“预期的业绩”采取零容忍的态度。虽然邻近的初创公司提供奇怪的津贴，打造花哨的办公室，奈飞坚持“达到预期业绩，才会确保体面的离职补偿”的原则，这也助力奈飞蓬勃发展。

上述三家公司中的每一家公司都采用不同的方法来制定和实施其价值观。他们商业策略不同，员工队伍不同，文化也就完全不同，所以只能采用对其来说独一无二的方法。就像我们每个人的指纹都是独一无二的，没有两家公司应该拥有相同的价值观，因为只有具备独一无二的特点，才是最强大和最真实的公司。

对员工和顾客来说，市场是纷纷扰扰的，你必须了解你与众不同的原因，所以想一想你在感情层面的特殊之处。即使这意味着有些人会喜欢这些方面，而有些人会讨厌他们，但要有足够的勇气让自己和你的员工与众不同。

阐述价值观，而非仅仅陈述

制定价值观不仅仅是提出一些词语，而是要用心阐述这些词语的真正含义，以及对你公司的意义。你的价值观描述绝对是至关重要的——请登录上述网站，看一看Slack、亚马逊和奈飞如何描述他们看重的行为。

真正的困难是践行价值观

这三家公司至少在一定程度上是成功的，因为它们选择了异乎寻常的价值观和使命，通过《员工敬业度：快速提升与案例实操》的所有其他部分制定了这些价值观和使命，并使其成为现实。这才是关键。如果你没有让你的公司在日常行动中践行价值观，那么你将和成千上万的企业一样，要知道写在墙上的价值观是一回事，真正行动却是另外一回事。

必须践行价值观

你招聘人才时违背价值观，实行奖励时违背价值观，提升员工时违背价值观。你想一下，是这样做的吗？你的薪资审查表格参考价值观了吗？你招聘员工时，违背价值观打分了吗？你提升员工职位时，事先了解该职位必备的价值观了吗？

具有这种不真实文化的公司的典型特征是，继续雇用那些未践行价值观的人，因为他们达到了短期业绩目标。这就是奈飞和其他颠覆者制定“没有聪明的怪才”的政策背后的原因。聪明的怪才的问题在于，他们自己的行为会摧毁团队的敬业度和绩效，这一点每个人都明白。建议很明确：**开除聪明的怪才。**

“一个混蛋即可摧毁整个团队。果断作为，摒弃任何坏种子，无论他们在编写软件方面有多么优秀。”

——乔·史坦伯（Joe Stump），Digg.com的技术负责人、投资人兼前首席架构师

实　　践

颠覆传统者孜孜以求的主要成果

最好的公司清楚目标、使命和价值观对其组织可能产生的积极影响，它们努力做到以下几点。

使命动机。颠覆传统的公司拥有高度积极的员工队伍，因为它们希望雇用那些对其使命充满热情的人。这使它们在敬业度方面抢占了一个巨大的

先机。

保持一致性，提高生产率。Salesforce 的 2016 年的报告发现，86% 的受访员工并不清楚他们公司的战略，这导致将近一半的员工从事与公司战略不一致的工作。

这表明明确的使命和目标不仅仅可以通过提高敬业度来提高生产力，而且可以通过专注于公司的战略来提高生产力。

吸引客户。强大的 PMV 讲故事，使客户可以理解，可以相信并购买的故事。

“在选择供应商时，有时你会发现可选项非常相似。当然，边边角角的处理方法有所不同，但你可以看到任何一种解决方案都是有效的。在这些情况下，我寻求有更深层次内涵的公司，它们是否有一个令人信服的策略，一个我们可以支持的真正目标，可以鼓舞我们。做到这些的公司十分伟大，你可以感受到它们的真正动力。”

——西蒙·内勒（Simon Naylor），英国 Travis Perkins 集团福利负责人

主要的颠覆行为

最好的公司在其业务中集成了有意义的 PMV，为文化布局强大的代码。它们拥有鼓舞人心和雄心勃勃的 PMV，获得员工的支持。它们实现这一目标的关键方法包括如下内容。

1. 保持沟通

颠覆传统者永远不会停止沟通。他们找到了从不同角度，以不同方式讲故事的全新方法。他们的价值观不仅仅是墙上的海报；重视长期的计划，优先考虑入职培训，他们一直希望分享践行其价值观的现实故事。

2. 全力贯彻实施

颠覆传统者根据他们的 PMV 毫无保留地雇用、提升、奖励和解雇员工。他们毫无动摇，甚至不会容忍那些没有履行价值观的高绩效人士。

3. 谨慎发展

颠覆传统者允许价值观逐步发展成熟，长期保持价值观的一致，所以价值观能融入公司的血液之中，同时其也在必要情况下修正价值观，因为情况是不断变化的。他们尊重他们的价值观，但也清楚文化是鲜活的，需要不断进步。

4. 奖励与认可

颠覆传统者将其价值观与员工认可计划紧密联系在一起，确保为实现价值观提供切实的物质和非物质激励。

从头开始

摒弃陈旧的价值观或要求员工创造新的价值观。如果你的价值观，员工并不知晓，请让员工对其进行评审。如果你以前从未制定过价值观，那么请工作人员帮助创建。请各个部门的志愿者来讨论你的公司价值观并记录他们认为你业务中的最佳行为，这是最佳的开始。

下载研讨会资料包和资源，然后你可以**登录 rg.co，开始参加价值观研讨会**。

贯彻到你的人力资源流程中。一旦你拥有了正确的价值观，请与你的人力资源团队和经理讨论，如何使用并将其贯彻到其他人力资源流程中。当你采取行动，让这些价值观变得真实且有意义时，员工将会敬服你。

花时间思考你的价值观以及它们如何适用于不同的职位角色。每个员工都需要体现每一项价值观吗？还是某些价值观对某些职位比对其他职位更重要呢？你如何将它们整合到评估或绩效开发框架中？如何将价值观用于提升评估和薪酬审核中？

创造一个故事或模型，将你的价值观落实到现实中。寻找一种将你的价值观联系在一起的方式，可以帮助你解释这些价值观并使员工牢记。

在 RG，我们用火箭进行比喻。图纸和故事解释了我们的价值观是如何连贯起来的，以支持我们的“取悦客户”的北极星价值观，这与我们的使命息息相关：“让我们努力使世界成为一个更佳的工作场所。”你可以登录 rg.co/rocketship，观看专门视频，聆听我们的故事。

制定价值观，推动新阶段的增长：Causeway 科技公司

场景

Causeway 科技公司是全球领先的建筑环境软件供应商，致力于实现企业新的增长。为了帮助实现这一目标，Causeway 决定“整顿好建筑物”，正如第五任执行副总裁人力资源部菲奥娜·布坎南（Fiona Buchanan）所说，要重新审视公司的愿景和价值观。该团队着手审视并修正他们的价值观，从始至终都与员工合作。这些努力得到了公司新任 CEO 科林·史密斯的支持，他说：“告诉员工我们的愿景和价值观是什么十分容易，但这并不会提高员工的敬业度，而我最重视的是敬业度。我想让尽可能多的员工做出自己的贡献。”

与员工合作的结果是创造了新的愿景和价值观，这将真正推动和促进企业的增长。员工们说公司倾听了他们的心声，因此，他们完全接受新的愿景和价值观。布坎南说，虽然刚刚推出，但它们对员工敬业度产生了积极影响。

戏剧

Causeway 的新愿景和价值观的发展有两个阶段。第一个阶段是执行团队一起创造不同的版本 / 例子，与员工分享。这有助于进入第二阶段：开展员工研讨会，为员工提供一个讨论的起点。布坎南说，研讨会收获颇丰，因为员工带来了各种新的视角、观点和主题。这也意味着员工接受了新的价值观，因为他们认为他们在发展中起了一定的作用。他们的新价值观是：

保持好奇心	赞扬每一个人	自己处理	感到自豪	共同努力

Causeway 接着创建了一个视频，采用了员工的反馈意见以及从员工愿景和价值观研讨会上直接获得的建议。“目的是说明员工不同的观点，并使员工牢记他们如何达到最终目的的。”布坎南说。欲观看视频，可访问 rg.co/causeway。

然而，布坎南表示，旅程并未就此结束；事实上，这才刚刚开始。现在，员工们正在与团队一起举办研讨会，讨论新的价值观对他们意味着什么，以及他们需要做些什么，才能做到与价值观同呼吸共命运。这一切，连同已经完成的工作，将有助于 Causeway 及其与公司一体且敬业的员工继续展开他们下一阶段的旅程。

实　践

- 随着你的不断发展和价值观的不断完善，与员工协作时要创造一种所属感和参与感，而这一点是无法强加在员工身上的。

- 确保员工理解价值观对他们个人和工作意味着什么，将其从口头说辞转化成行动和行为。

新价值观带来归属感：Vocus Communications

场景

澳大利亚电信公司 Vocus Communications 进行合并后，员工人数增加了 10 倍，这时公司意识到，需要修正公司价值观，以便为所有员工服务，不管他们来自哪个部门，从而使员工有新的归属感。人力资源部负责人丹尼斯·汉伦（Denise Hanlon）表示，这也有机会创造“将人们联系在一起”的新价值观。

戏剧

结果是公司四项新价值观闪亮登场，既有创意又坦诚。汉伦说，他们的初衷是使员工团结在一起，但也需“务实、桀骜，甚至有点放肆——就像我们一样”。

为了创造价值观，汉伦表示：“我们借鉴了每一个合并公司视若珍宝的价值观，并将其用文字表达出来。我们采访员工：‘对你最重要的是什么？’‘你为什么加入 Vocus？’‘我们与其他电信公司的不同点在哪里？’最终，我们以此得出了代表 Vocus 过去和未来的新价值观。”新的价值观是：

英明的公司，没有蠢人	去尝试	不要惹恼顾客	不做d!@khead

整个组织普遍接受新的价值观，员工们自豪地在社交媒体上分享它们。他们还为员工创建了一种通用语言，一种在新团队中共同使用的语言。比如，其中一项价值观是不要成为“d!@khead”——这是员工之间互相称呼不按照价值观作为的通用词。汉伦说：“我们创造的价值观不仅仅体现在

语言上，它们本身拥有力量，它们是行动的召唤。它们对我们对待客户和员工的方式产生着巨大的影响。对于我们这样不断收购许多其他公司的企业，价值观是我们的指南。”

实　践

- 利用你的价值观为你的员工创造一种通用的和广泛使用的语言。
- 如果对公司有利，不妨大胆一些。

以价值观引领企业：G Adventures

场景

2008年夏天，G Adventures的创始人布鲁斯•潘•迪普（Bruce Poon Tip）决定，如果他继续留在公司并带领公司进入下一阶段，就需要进行“文化革命”。潘•迪普说：“我必须审视初衷，了解现状。我希望全体人员共同应对这件事情。”他带领来自世界各地的员工参加了一系列会议，并着手记录公司新的核心价值观。潘•迪普还说：“许多公司已经记录了他们的核心价值观，但员工们没有在意。文件被扔在某个抽屉里，早就被人遗忘，或者内容太多，员工根本记不住。公司希望核心价值观能够超越文化，并且容易理解，无论你是非洲卡车厨师还是蒙古马夫。”

戏剧

集团达成了五项新的价值观，如下所示：

热爱	领导	拥抱	创造	作为

他们下一步就是履行价值观。一种方法是让员工展开讨论，将其融入员工的思考和行动中。比如，每年全公司人员参加价值观视频比赛，员工各自制作短片，体现价值观对其的意义。这些视频极其有趣、非比寻常、充满智慧，员工们讨论并一起工作，为文字赋予意义。欲了解详情，可访问 rg.co/gadventures。

其策略的另一个关键部分是使用价值观来指导决策。比如公司对客户存款政策的商业决策。旅游业中的标准做法，以及旅游公司赚钱的一种方式，就是如果客户取消旅行，公司扣除客户的押金。G Adventures 的员工提出，这是否利用了人们的不幸，并且这违背了“做正确的事”的价值观。

潘•迪普及其团队认为这些员工是对的，并且提出了终身存款的革命性想法，这意味着客户的押金不会被扣除，而是可以将其用到新的旅行中，转给其他人或者捐赠给 G Adventures 的慈善机构。这是一个很好的例子，清楚地体现了客户和员工的价值观，帮助员工和企业达到更高的层次。

实　践

- 质疑公司的做法，用你的价值观来推动企业和员工的决策，即使是艰难的决定。
- 鼓励员工监督你的价值观，在公司决策或行为不一致时勇于发声。

以目标重新激励计划：领英

场景

领英希望创建一个项目，让员工有时间“关注自己，关心公司，放眼世界”。全球福利和员工体验部副总裁妮娜•麦奎恩（Nina McQueen）说。

2010 年，他们推行了一个“投资日”计划。为了满足公司不断增长的劳动力的需求，麦奎恩称之为“瘦身、驾车、迅速传播和锻炼”，投资日旨在激励团队，每个月给他们一天时间投资于自己和社区。

多年来，随着公司在全球 30 个城市发展到 8 000 多名员工，投资日像许多在高增长环境中的项目一样，变得不那么显眼和有效。许多新员工没有完全理解投资日的含义，也不知道如何利用它。这让领英的管理者们不得不做出改变，必须为该计划重新注入活力。

戏剧

2014 年，领英开始行动，重振并重新推广这一重要而有意义的传统。为此，团队回归基本，为该计划重新命名和重组，创造新的兴奋点和参与度。麦奎因说，这个新项目有了全新的形象，每月提供一个主题，将员工聚在一起，“探讨我们公司的使命”。主题包括回馈、人际关系、学习、健康和游戏。该团队还请了他人，让同行为该计划注入能量和参与度。管理人员积极主动地提供每月主题，并与员工一起参加活动，领英在全球各地拥有 250 个强大的文化拥护团队，帮助在本地执行活动。

最后，为了确保新员工了解这个项目，领英雇用了一个讲故事的人，通过与员工访谈，制作了一个视频来讲述投资日的初衷和目的。所有这些行动都带来了回报，企业重新焕发活力，投资日成为公司最珍视和最受欢迎的传统之一。

实　践

- 随着公司的发展或时间的流逝，找到与价值观相关的项目能够保持发展或重新充满活力的方法，以保持价值观的生命力。不要认为你必须重新开始或“拱手认输”。
- 思考能够在员工之间创造目的、意义、联系与合作的项目的方法。

公司发展壮大后修正价值观：CarTrawler

场景

CarTrawler 是全球领先的 B2B 旅游技术平台，拥有任何公司都会引以为傲的价值观。该公司的价值观非比寻常；事实上，它们赋予了使该公司与众不同的关键属性。然而，随着公司从婴儿期成长到青少年期，正如首席人事官吉利安•弗兰奇（Gillian French）解释的那样，公司意识到需要做出改变，以获得“成长”并支持新兴业务。

弗兰奇说：“请扪心自问，我们的价值观在很好地服务我们，还是需要做出改变，以适应我们的进一步增长？”最终我们决定改变这些价值观，将其与新创建的目标和使命声明一起发布，以使员工了解企业已进入新的发展阶段。

戏剧

2017 年 1 月，CarTrawler 推出五项新价值观，以取代之前为公司的快速增长服务的四项价值观。鉴于 CarTrawler 的前瞻性思维，新价值观代表了希望，适合公司发展，将员工紧密联系在一起。

价 值 观	阐　述
谦逊	公司最初“不羁”的价值观反映了当时大胆无畏、不拘礼节的行事风格。公司发展壮大后，决定以“谦逊”代替“不羁”的价值观，这是因为“谦逊”会掩盖不羁灵魂下的狂傲，“谦逊”会确保持续成功
所有权	“所有权“是新增的一项价值观，这对于CarTrawler这种规模的公司是势在必行的。员工保持持续改进的心态，且有主人翁的意识，才能助力公司稳步发展
力求进步的激情	公司最初的价值观为“永不满足”，现在以“力求进步的激情”取代，力求保持追求完美的动力，随着公司规模的日益壮大，员工认为旧的价值观已经不再合适，目前更重要的是把事情做到尽善尽美
热情	如果没有员工的信念和热情，这家创业公司就不可能一路成长为拥有500多名员工的公司。CarTrawler依然保留了最初几年富有感染力的活力的创业激情，这是该公司的一大鲜明特征

续表

价值观	阐述
智慧协作	协作是最初的一项价值观，但随着公司的发展，很明显旧的合作方式已经不再起作用；事实上，它阻碍了发展。“智慧协作”鼓励员工在日常任务中掌控自主权

CarTrawler 公司的案例说明，保持创业时独树一帜的元素与日后不断发展壮大所需的元素之间的平衡，这一点是非常重要的。公司价值观已经真正发展，并且已经帮助并将继续帮助公司成长，因为公司不仅会从婴儿成长到青少年，而且会从青少年成长到成年人。

实　践

- 请记住，随着公司的变化，你的价值观必须改变。使价值观跟上变化的步伐，它们将继续推动和支持你的公司发展。
- 找到将价值观与有意义和令人难忘的事物统一起来的方法，例如下面剧本中使用的首字母缩略词。

目标驱动自愿精神：探索广播公司

场景

探索频道、TLC 和动物星球频道背后的广播公司探索广播公司不仅致力于娱乐，而且激励鼓舞员工，驾驭其品牌和旗下企业的力量，并为员工提供回馈世界的机会。为此，该团队决定制订一系列全球计划，以便员工无论身在何处，都可以回馈世界。这些计划必须反映员工及其利益的多样性。“不是每个人都希望在公园内拔草数小时——我们希望提供机会，这样每个人都可以找到符合他们个人激情的事情”，集团副总裁兼企业公关负责人的塔米·谢伊（Tammy Shea）指出。

戏剧

探索公司团队开发了三个不同但相互关联的计划。

探索你的影响日计划。2010 年 6 月，探索公司在其成立 25 周年之际，推出了你的影响日计划，每年这一天都进行庆祝，以纪念周年纪念日。这是全球员工志愿服务的一天，世界各地的员工都去服务值得帮助的组织，这也是公司履行对其经营所在地的人和地方的承诺。庆祝活动由当地组织，其组织大使团负责规划和执行当地项目，并了解最能激发当地团队共鸣的内容。

“影响日为来自不同背景、部门、级别和技能组合的员工提供了与他们可能永远不会遇到的同事交流的机会，并为大局做出贡献。它打破了全球障碍，让世界各地的员工感受到彼此之间更紧密的联系，因为每个人都有一天自愿‘在一起’，即使他们可能相隔数千英里。”企业关系经理劳雷尔·谢普（Laurel Schepp）说道。

创造变革计划。创造变革计划是探索广播公司的公益创意马拉松计划，它通过整合传播公司员工的总体创造力、战略思维和慷慨精神，帮助其慈善合作伙伴实现业务目标。通过创造变革计划，员工在广泛的领域开展地方和国家非营利组织的项目，包括设计和视频制作、通信、营销和办公室运营，以及人力资源和 IT 咨询。

实干有赏计划。该计划是为庆祝探索传播公司成立 30 周年而推出的，这就是计划设计使用 3 号的原因。借助实干有赏计划，该公司在员工志愿服务 30 小时的个人时间社区服务后，向经过预先审查的非营利组织捐赠 3 000 美元，帮助员工支持他们最关心的事业。

“探索传播公司的一系列志愿者计划助力员工采用各种方法在他们生活和工作的社区履行公司的使命。也让探索传播公司以多种方式感谢使日常生活更加精彩的人们和地球。”企业敬业度副总裁克里斯汀·美因茨（Kristen Mainzer）表示。

实　践

- 找到方法，无论大小，为员工提供志愿服务的机会——这是他们重视和参与的事情，并将产生深远的影响。

创建多层次方法，设计价值方法：西南航空公司

场景

西南航空公司的目标意义深远且又十分简单：通过友好、可靠、低成本的航空旅行“帮助人们实现生活中重要的事情”。这个目标不仅仅是张贴在总部的口号，更是西南航空为追求整体成功而树立的引导员工的指路牌。为此，西南航空制定了一系列价值观，就员工与客户的交流以及员工之间的交流提供具体的期望。

西南航空在创造一系列期望方面并不是独一无二的，但是公司与众不同的是，它创造了一种多层次的方法，进一步定义了员工在整个组织中向上发展的期望。通过在领导层设定具体期望，它相信公司能够更好地支持员工，而员工反过来能更好地支持客户，从而提供极好的客户体验。该方法一定非常有效，因为多年来，该航空公司赢得了多个客户满意度奖项，并成为美国的最佳雇主之一。

戏剧

西南航空的多层次方法包括以下三个层面。

1.“践行西南航空的生活方式”——对所有员工的期望

具体包括**战士精神、仆人心态和享乐态度**。战士精神是指努力工作，

努力做到最好。仆人心态是关于彼此尊重并遵循黄金法则。享乐态度是指享受乐趣并成为一个充满激情的团队合作者。

2. 对所有领导者的期望

对提升为领导层的员工会有三个额外的期望。**培养人才**是指专注于了解、服务团队成员，并助其成长。**创建伟大的团队**关乎建立信任和创造包容性环境。**战略性思维**要求领导者超越今天并规划未来。

3. 对所有高层领导者的附加期望

对担任高层领导职位的领导者还有三个额外的期望。**能力展示**指重点关注领导授权和优先化。**有效沟通**对于建立有说服力的愿景以及坦诚和经常地进行沟通非常重要。**知识渊博**要求领导者不断学习和提升自我。

西南航空公司严肃对待领导层及其领导层价值观。该团队认为，强大的领导者为表现优异的员工提供支持并最终赢得客户。为此，他们通过评估价值观来聘请领导者；根据价值观，建立领导力课程培训体系；甚至用价值观来衡量年度业绩，75% 的评估基于“践行西南航空的生活方式”的价值观，只有 25% 的评估是基于达成的工作目标。

人力资源总监邦妮·恩迪科特（Bonnie Endicott）表示：“适用于西南航空各个层面的价值观有利于我们在诸如如何雇用、培养和发展人才等事情上保持简单。对领导者的具体期望让他们知道他们的领导方式与他们实现的业务成果同样重要。领导层对于支持员工至关重要，我们希望各级领导者认真对待。”

实　践

- 确保你的价值观在整个组织中发挥作用，如果你认为这会产生影响，可以在不同级别添加新的价值观。

- 将你的价值观融入你的人力资源实践中，以确保员工的行为和表现符合价值观。

改变价值观，驱动使命：Interface Carpets

场景

Interface 是模块化地板铺设领域的全球领导者，拥有有力、有意义且真正发挥作用的使命，即“使命零”。公司承诺，到 2020 年消除公司对环境的任何负面影响。首席人力资源官凯蒂·欧文（Katy Owen）表示：“我们在可持续发展这个名称出现之前就早已进入这个世界，那时候没有现成的路径可遵循。我们通过激情和创新，逐层设计了自己的解决方案。”

1994 年，Interface 创始人兼首席执行官雷·安德森（Ray Anderson）——也是一位“公开的资本家”——大胆提出公司零足迹愿景。当时一位客户提出“Interface 对环境有什么影响？”这位客户的提问激起安德森的挑战精神。通过设定一个大胆的愿景，然后创建并坚定地执行了一个实现该愿景的计划，Interface 为员工赋权，并表明乐观精神可以带来行动和变化。然而，安德森于 2011 年去世，公司“一片哀悼”。欧文说：“他是一位鼓舞人心的领导者，是公司的核心和灵魂。公司失去他几乎就像我们失去了声音。”

2015 年，安德森进入这个新的领导团队，并决定帮助公司制定一套新的价值观，找到自己的声音。首先，团队着手欧文所描述的“考古挖掘”工作，拿出他们的“刷子”，仔细揭开带领公司发展到目前状况的真相，并确定了帮助公司进步的必要的东西。“当我们接近 2020 年的使命时，我们需要采取下一步措施，建立忠诚度和敬业度，以帮助我们实现这一重要目标。”欧文说。

戏剧

Interface 在世界各地拥有 3 500 名员工，通过员工合作，发现了“真正的真理”，即演变成的五项新任务主导的价值观。与员工的合作与协作至关重要，因为价值观需要来自内部，直接听取员工的意见，如何使公司变得更好，以及他们个人承诺如何履行使命。Interface 的新价值观是：

设计更佳的方式	真诚慷慨	激励他人	融会贯通	拥抱明天

然而，拥有新的价值观并不足以确保完成使命，因此欧文和当时的首席运营官、现任首席执行官杰伊·古尔德（Jay Gould）进行了为期 4 个月的公路旅行，举行会议，分享价值观，参与双向沟通和活动，帮助员工真正理解价值观，将它们转化为有抱负的行动和行为。

对价值观的反馈非常惊人。员工评论说“这正是我们推崇的”，这说明探究和设计是成功的。与此同时，一些有着价值观导向行为的终身制员工在被公司忽略后，又重新获得关注，他们感觉又充满了激情，这真是令人惊奇。这将有助于 Interface 完成 2020 年的使命，并且超越零足迹愿景，以创造适合生活的环境。

实　践

- 请记住，你的价值观在履行职责时起着至关重要的作用。如果未发挥应有的作用，请修正它。
- 贯彻你的价值观，以让员工了解它并依据它规范自己的行为。

5

第五章
领 导 力

本章目标

主要内容

- 了解领导者的角色正迅速改变，而技术正赋予员工前所未有的力量。
- 观察优秀领导者展示的十大特点。
- 探究高度敬业的CEO的作用。

要点

- 世界在不断变化，技术正使权力大众化，领导者必须比以往任何时候都要做好对员工的服务。
- 领导者过去常常由老板雇用和解雇。现在，如果他们对老板失去尊重，他们可以解雇老板。
- 所有敬业度最高的公司都在CEO层面支持敬业度。
- 最好的颠覆传统的领导者的许多特点都与建立和维护信任有关。

引　言

我本来只是想写一本关于领导力的书，但最后结果并非如此。因此，在本章中，我们将单独讨论领导者在创建希望员工敬业的组织和文化方面的关键作用。事实证明，这与一个伟大的领导者紧密相关。工作一天结束时，除了**设定方向**以及**创造一个**员工能够并且想要做出最佳工作的**环境**之外，领导力还会发挥哪些作用呢？

领导者的角色正在发生变化

虽然领导力在你充分利用人才方面一直是举足轻重的，但它现在也会影响客户对你企业的看法。爱德曼信任度调查报告发现，信任公司领导力的员工更有可能为其公司及其产品和服务进行宣传。

员工的声音从未如此强大，社交媒体、开放式沟通和公众评论让领导者无处可藏。像 Glassdoor 这样的网站允许前员工和现任员工留下对公司及其领导层的匿名评论。Glassdoor 曾经处于边缘地位，现在则位居主流地位：每月有 4 100 万人访问该网站，80% 的候选人在申请工作之前会阅读 Glassdoor 上的评论，客户甚至外部投资者也开始关注该网站。

领导者需要员工的支持

现在比以往任何时候都需要透明、负责且有价值的领导力。我们正从命令与控制的时代迈入“经员工同意的领导力”的时代。

像谷歌这样的企业正在从团队领导者手中收回权力——他们不允许招聘委员会之外的领导者对直接下属进行评级或单独聘用。相反，在我们需要员工将创造力、创意和判断力付诸实践的复杂工作的地方，员工要求领导者增加透明的价值观。如果领导者不这样做，那么员工就会开始不同意其领导，嘀咕声越来越大，勇敢的员工会提出探究性的问题，领导者的个人权威也开始崩溃。

鼓励诚实和坦诚的企业的业绩会更好，这意味着为员工提供多种渠道发声。在这种环境中，最优秀的领导者茁壮成长，而缺乏这种环境的企业可能会失败。我在 Reward Gateway 亲身经历了这种情况。在 Reward Gateway 公司，有一位领导者工作非常出色，但由于没有投入足够的时间和精力与员工沟通和联络，结果成为公共和内部渠道被提意见和建议最多的人。最终，因为无法承受员工抗议其未表现出足够的领导力的压力，这位领导离开了。

新时代领导者

领导者已经意识到员工如何看待他们与老板如何看待他们一样重要。职位权威被削弱了；今天，领导者必须真正关心他们的员工，因为他们现在面临被老板解雇或被自己的员工拒绝的双重风险。

我们对 350 名千禧一代的员工进行了研究，从多个维度了解员工现在的想法以及对领导者的期望。我们要求受访者陈述并按照优先次序排列他们所尊重和重视的领导特点。结果表明，在过去的 20 年里，员工对领导者的期望已经发生了巨大的变化。员工不再期望领导者是完美的——“也会犯错”是员工列出的受他们尊重的领导者的第四大特点。相反，员工希望领导者积极乐观，为人表率。

聘用领导者的目的是交付成果，他们的团队会逐渐希望看到领导者带来的价值。团队必须得到指导和发展，并希望看到他们的领导者统帅他们所需的资源。如果无法做到这一点，团队很快就会对领导者失去信心。

“我一直强调，我们公司的管理层是为员工服务的。我们必须让最基层的员工不能有任何怨言。我们必须与所有员工保持联系。我们必须从每个员工那里获得最佳评价。”

——微软首席执行官萨蒂亚·纳德拉（Satya Nadella）

有伟大的领导者理解并完全做到了这些，也有领导者说他们理解但实际上只是口头上说说而已。我记得有数不清的公司文化“你我分明”，因为员工觉得领导层遵循与他们不同的规则。如果领导团队的停车位离办公室最近，这代表什么？如果领导者拥有最好的办公桌或大办公室，这代表什么？如果领导者获得更多的休假日、更好的人寿保险或医疗保险，这又代表什么？如果领导者上班时间随意，那么公司其他人是按照“标准时间”上班还是去请领导给予信任，批准灵活的工作时间？

从根本上说，如果领导者想要建立信任，他们需要消除将他们与员工区分开来的所有障碍。这适用于首席执行官，但也适用于领导层及其他人，因为大公司有明显的部门、区域和集团领导层之分。

许多公司的透明度不够：提高访问级别也很关键，让员工有机会提出疑问，提出问题并直接与高层领导提出建议。技术使之成为可能。一些公司配有 Slack、Yammer 和 HipChat 这样的开放式通信系统，使这成为常态。

高度敬业的首席执行官（CEO）

首席执行官的工作最终是交付业务成果，以完成任务。他们实现该目标的关键方式是创造一个员工能够很好地完成工作的环境，以及他们希望能够很好地完成工作的文化。

CEO 的支持举足轻重

在我们接洽的所有公司中，那些敬业度最高的公司，他们的首席执行官无一例外都是充满热情的人，了解敬业度对企业的重要性。

这是事实。如果你希望公司良好的经营业绩是由世界一流的员工敬业度创造的，那么如果你的 CEO 不拥护，则是不可能实现的。

你的员工发明、营销、销售、构建、交付和支持客户购买的产品。客户购买产品，你的公司及其股东就会赚钱。你的 CEO 每花 1 小时创造更大的敬业度，就相当于投入了 1 小时，提高整个劳动力的生产率。

CEO 承担的角色取决于公司的成长阶段和背景。在上市公司中，存在投资者关系；在较小的公司中，CEO 可能仍然有运营责任。无论企业领导者承担多少额外负担，他们必须从员工敬业角度亲自履行三大关键事项。

1. 制定并明确表达愿景

必须制定并阐述公司的战略愿景、使命、战略及其背后的原因。明确陈述方向和目的是 CEO 对企业的最大贡献之一。

首席执行官应该用雄心勃勃的目标阐明使命，因为最优秀的人想要实现伟大的目标——他们希望自己的生命有意义。他们知道登月目标并不一定实现，但绝对希望有最好的目标。

“确保你能清楚简洁地讲故事，描绘愿景；你每年需要重复几百次。”

——Foundry 总裁比尔·科利斯（Bill Collis）

2. 做公司文化的架构师

CEO 必须掌控员工敬业度和公司文化，因为他或她是唯一具有跨职能权力的领导和指导所需行动的人。

只是记录在书中或张贴在墙上是不够的。你的文化是你每年遵循敬业度桥梁的 10 大元素中采取的数百项行动的结果。选择你确实满意的文化需要勇气和承担责任，这就是 CEO 必须亲自把控这种选择的原因。

3. 交付成果

企业业绩与员工敬业度之间存在双向关系。如果员工离心，你将无法获得实际可实现的业绩。同样地，如果你的企业不成功，员工敬业度上的任何成功都将是短暂的。

很简单，如果公司没有适合市场的产品，并且没有在其利己市场上获胜，那么最优秀的员工就会离开公司，留下的员工也会人心散乱。

在企业没有前景的情况下，短期内仍然可以有较好的员工敬业度，甚至员工敬业度可以有所提高，但那不可能永远持续下去。良好的员工敬业度需要良好的企业业绩，良好的企业业绩也需要良好的员工敬业度。

我们遇到的颠覆传统的 CEO 们使用他们可以使用的所有工具来精简层级结构，拉近与员工的距离。他们将员工视为和客户一样的主要的利益相关者群体，为组织的成功提供支持。他们使用像 Glassdoor 这样的工具与员工进行直接对话；聆听、理解并在必要时解释业务决策。房地产上市公司 Zillow 首席执行官斯宾塞·拉斯科夫（Spencer Rascoff）亲自回应了70 多位员工评论，以此来保持与员工的联系。

实　践

颠覆传统者孜孜以求的主要成果

文化适应性。良好的公司对领导者有很高的信任度。这使它们能够快速适应并做出其他公司难以应对的变化。

员工信任领导者，他们的接受性和适应性也更强，因为他们知道领导者关心他们，员工愿意说实话，并且专注于他们的同一使命。这为这些公司带来了显著的优势。

不断提升的成果。员工敬业度的量化指标不是员工敬业度评分，而是企业业绩。从根本上说，颠覆传统的 CEO 打破了数十年的人力资源教条，创造了引人注目的企业成果。

“我努力创造一个让员工感到安全，感觉自己有价值和被重视的环境。如果我们去看一部电影的首映，团队中的某个员工说他们知道某个场景本来可以更好，但他们当时没有说，那会让我感觉非常失败。”

——制片人兼导演 J.J. 艾布拉姆斯（JJ Abrams）

主要的颠覆传统的行为

颠覆传统的领导者真正地理解员工。审查他们的关键行为会发现，很明显他们付出了很多努力来建立信任。他们建立的信任增加了员工与上层的沟通——他们的团队是开明和诚实的，清楚他们应该如实地传达信息。这极大地改善了这些领导者做出的判断和决定。

1. 使命第一

颠覆传统的领导者尽可能地将使命放在第一位，认为其重要性大于短期利润或其他目标。他们做出大胆的长期决策，从而实现长期的使命。

2. 每天践行价值观

颠覆传统的领导者是公司价值观的榜样。他们利用一切机会传播并践行价值观，不断展示价值观如何指导和帮助决策。

3. 拥有并使用伟大的判断力

颠覆传统的领导者优先考虑做一些正确的事情，而不是受欢迎的事情。他们对自己的员工负责并充当仆人，但在必要时也做好不受欢迎的准备，尽力做适合业务、客户和所有员工的事情。他们一开始就在团队中开诚布公，并且不会对他们的团队隐瞒坏消息。

4. 表现的和普通人一样

颠覆传统的领导者全身心投入工作。他们谦虚，敢于展现真实的自我，敢于表现出自己脆弱的一面，领导风格富有同情心且充满善意，并真正地关心员工。给员工树立榜样，允许员工照做。

5. 诚信做事

颠覆传统的领导者坦率诚实，非常诚信。他们追求真正的诚实，而非“商业诚实”。他们尽可能在任何时间和地方都告知全部真相、背景故事和原因。这使他们能够做出更好的决策、更好的呼吁、更敏锐的判断，从而建立信任。

“我们需要能够为他们所领导的员工和组织增加价值的领导者；致力于实现他人利益，而不仅仅是为了他们自己的个人利益的领导者。鼓励和激励而不是胁迫和操纵的领导者；他们和员工一起生活，了解员工的问题，以便解决问题，并且无论表象如何，他们都遵循指向正确方向的道德指南针。”

——玫琳凯·艾施（Mary Kay Ash），美国商业女性，玫琳凯化妆品公司创始人

从头开始

让你的 CEO 和领导团队参与进来。如果你的 CEO 需要说服——如果这对他们来说是新的——那么不要担心；有些人可以做到。给他们这本书看；事实上，如果有必要，请将其交给整个领导团队。但更重要的是，让领导者和公司都接受它。如果他们都在乎利润，那么请具体向他们展示敬业度是如何影响利润。如果他们都在乎客户维系，请向他们展示敬业度越高，客户留存率就会越高，营业额自然也就越高。如需要帮助，请登录 rg.co/rebelstats。

我的合著者黛布拉（Debra）说，她曾为一家时装零售商工作，当时总会根据牛仔裤的情况设计提案：能销售多少牛仔裤或者货架上会剩多少牛仔裤，具体取决于敬业度评分。

让敬业度成为你领导语言的一部分。我要说的第二件事就是让敬业度成为你语言的一部分。将其列入领导会议的议程，将其作为特定的关键绩效指标，并将其纳入你公司每位领导者的目标。无论你做什么，都要为领导者找到方法，使其成为一个优先事项，采取行动并对结果负责。

领导千禧一代找到他们自己的道路：VaynerMedia

场景

2016 年 3 月，数字媒体机构 VaynerMedia 任命克劳德·西尔弗（Claude Silver）担任首任首席核心官。正如 CEO 加里·维纳查克（Gary Vaynerchuk）在公司的全体会议上所解释的那样，“我们希望在时间的历史长河中建立最棒的人性帝国” 。对于西尔弗来说，这意味着，“让我们为员工创造一个身心安全的工作环境，让我们的员工可以获得成功和幸福”。

80% 的员工是千禧一代，实现这一点的关键是“帮助员工找到他们正在做的事情的意义，并指导他们如何找出和消除他们自己的障碍”，西尔弗说，“千禧一代正在寻找任何帮助他们晋升和快速上升的魔术技巧，所以如果我能帮助他们了解他们的优势并发挥其优势，那么他们将真正茁壮成长，这对他们和 VaynerMedia 来说是双赢的”。

戏剧

西尔弗的方法是创建一对一的辅导会议（她称为“白板会议”），旨在“帮助员工找到他们的个人使命宣言或指导原则，这是解决个人成长的关键所在”。她问了一系列问题，以帮助找到解决办法，例如，“为什么你的团队觉得你有价值？”“你擅长什么，喜欢做什么？”“你最重视什么？”还有我最喜欢的问题，“你站在镜子前刷牙时自我思考了吗？”这是一个非常直观的过程，就像白板反应一样，可以帮助员工制定符合自己发展的模式和目标。

会议结束后，员工将带着他们个人使命陈述或指导原则的草稿离开。在接下来的几周里，西尔弗给他们发送指导问题和任务，然后他们再举行一次会议，回答上述问题。“这种方法在帮助员工参与界定和规划未来方面非常有效。”西尔弗说。

这种方法和这些辅导会议帮助公司降低了损耗率，这并不奇怪，因为它支持千禧一代了解并获得真正成长机会的需求。它们还帮助西尔弗完成了她的 CEO 设定的关键目标之一：尽可能多地接触员工，让她的激情感染更多的员工。她肯定做到了这一点，员工受益于西尔弗的激情和热情，变成了她的拥护者，正如她所解释的那样——找到他们的道路、他们的声音和整个自我。

实 践

- 努力了解员工最重视的事情，然后利用“领导力篮子”中的所有技能来支持他们。

“真正”的咨询方法：圣约翰救护车

场景

英国领先的急救慈善机构圣约翰救护车（SJA）的领导团队，决定尝试一种新的方法来做出某些关键决定：在做出关键决定**之前**，先接触慈善机构的2 500名员工。我不是在说发送调查问卷或开展员工焦点小组，而是在做我称之为“真正”的咨询。

员工与组织总监史蒂夫·福斯特（Steve Foster）称，“我知道做到这一点没有什么了不起，但许多公司却没有做到。他们害怕员工可能会真的说点什么，可能会给流程增加额外的时间，或者“火鸡永远不会投票支持圣诞节”，就是说，如果影响到他们个人，他们会做出正确的决定吗？如果你真正想建立起良好的敬业度，你必须让你的员工在决策中发出真实的声音。

他们已经看到了基于这种新方法的积极结果，并将其用于与组织设计、薪酬和福利相关的决策。“影响就是现在的决策比之前没有让我们的员工参与进来好得多。我们十分欣喜地发现，他们给出了不同的视角，补充了我们未考虑到的内容，尽管事后看来我们应该想到。”福斯特说。

戏剧

圣约翰救护车方法的实现方式和时间是有悖于常规的。实现方式是举办职能性和区域性的研讨会，其本身并没有违背常规——然而，他们举行这些活动具有明确的目标和范围，但无拟议的解决方案。他们没有按照规定的清单进行，然后要求员工同意或不同意，而是有明确的目标和一张“干净的纸”。“我们在他们正在玩的沙盒中处于领先地位，但给了他们自由和机会，让他们提出自己的想法。”福斯特说。

“时间”贯穿整个项目，不仅在开始阶段，而且作为一个迭代过程，也包括在各个重要的接触点了解员工的想法。

这种方法可能使一些领导者感到紧张，认为他们应该做出决定或者拥有最多的信息 / 经验来做决定。然而，圣约翰救护车发现，真正地将员工纳入流程中，他们最终为企业和员工做出了更好的决策。以他们创建管理中心为例，根据一线员工的专业知识，他们的思维发生了很大变化，从而改变了选取的位置和设计方案。他们还发现，即便会危及自己的工作，员工们也会给出自己的真实看法，所以事实证明，“火鸡不会投票支持圣诞节”的假设是不正确的。

实　践

- 帮助领导者理解员工参与“真实”咨询对决策的积极影响。
- 在整个流程中寻找让员工发声的方法，而不仅仅是在开始的时候。

创建驱动结果的领导力模型：Halfords

场景

英国休闲和汽车配件零售商 Halfords 提倡基于客户服务的精神，这种精神“驱使 Halfords 团队中的每一个人——不管你是在车间，在汽车引擎盖下，还是出勤帮助客户”。集团人力资源总监乔纳森·克鲁科尔（Jonathan Crookall）称，商店经理自始至终参与客户服务。“商店就像一个家庭单元：如果领导者没有妥善处理敬业度，你一走进商店就会感觉到气氛不同。”

但是，当克鲁科尔加入公司时，他感觉到领导力面临着挑战，一个必须克服的挑战，以确保家庭单位——商店——能像一个众所周知的良好润滑的机器一样运转。他着手开发了一种领导模式，推动了在英国460家商店的敬业度和成效的提高。

戏剧

Halfords设计的领导模式包括克鲁科尔所说的“四大要素”，分别是：清晰、表扬、利用优势和真诚关心他人。克鲁科尔说：“如果领导者做到这些，公司就会吸引到敬业的员工，提供优秀的客户服务，在商业上取得成功。”

他们不只是口头上说说，而是把这个模式融入企业的运作。克鲁科尔说：“我们一直在谈论这四大要素，每天每周都在强调。”比如，他们是如何发起该模式的——召集所有领导者参加为期三天的活动，以确保深入理解该模式及其使用方法。

另一个例子是“领导力指数”，其是指从员工敬业度调查中得出的分数。该指数对领导者有重要作用，因为它揭示了他们的员工看待领导者的方式，以及领导者为提高该指数应采取的行动。该指数与绩效计划、学习和发展挂钩，甚至关乎领导者奖金。

该模式帮助Halfords提高员工敬业度、客户服务和利润。在过去五年，敬业度提高了15个百分点，客户满意度提高了10个百分点，总销售额增加了25%以上。此外，在该模式的作用下，Halfords在英国《星期日泰晤士报》对“30家最佳企业工作场所”上的排名从第18名上升到第13名。

最后，克鲁科尔说：“关注卓越的领导力确实是值得的，不仅对我们的员工，而且对我们的客户和股东也是如此。”

实　践

- 明确你希望你的领导者成为什么样的人，并据此制订你的支持和量化计划。
- 坚持不懈地加强和量化你的领导行为——据此对领导者进行招募、培养并奖励他们。

6

第六章
管　　理

本章目标

主要内容

- 开始思考持续影响员工的管理政策、规则和流程。
- 了解管理人员与公司的价值观和使命保持一致的重要性。
- 讨论终生职位的错误观念。

要点

- 管理政策和实践必须与你的价值观和领导层宣言保持一致，否则你的企业文化是不真实的。
- 将员工视为对手，员工手册和政策文件数量太多，这是破坏信任的关键因素。
- 也许我们在管理实践中最大的谎言是工作是永久性的——不承认这一点，会破坏管理关系。
- 管理人员手握实权，他们参与员工敬业度是至关重要的。

引　言

领导力和管理是敬业度桥梁中截然不同的元素，但我们将它们相提并论，以表明二者紧密相连，甚至可能交织在一起。在某种程度上，领导力就是你说的组织将要做的事情，而管理是组织实际上做的事情。

除了最小的组织外，最重要的决策将由你的经理决定。他们将决定聘用谁，解聘谁，提升谁，给谁加薪，如何管理、指导和培养员工。由人力资源政策及合同详细规定并由你的经理付诸实践的这些行动，它们会真正提高或降低员工的敬业度。而且，对于大多数公司而言，这些行动正在降低员工的敬业度。

政策和实践很少与价值观一致

很多时候，公司在企业层面上发表了其希望建立或拥有神奇文化的伟大声明，然后默许或创造了与这些声明直接矛盾的程序和做法。如果你的支出或福利政策是基于每个员工都是潜在欺诈者的假设制定出的，那么你就无法管理包含“信任”或“诚信”价值观的真实文化。

我担心人力资源和法务部门造成了很大的破坏——他们一直太专注于保护他们认为是公司最佳利益的东西，而他们已经成为片面协议的专家。我意识到这会引起一些读者的苦恼，我也曾经有过这种经历——我们也在努力达到标准。

片面协议的问题在于，虽然员工经常在没有口头抱怨的情况下签署这些协议，但隐藏代价却很高。员工看到公司的实际结构中其实有“我们和他们”之分。公司为此付出的代价就是失去了员工的信任，破坏了员工对公司的潜在敬业度。**如果希望员工爱岗敬业，支持我们，为我们的目标而努力，赢得客户，必须首先改变这种对立思想，因为我们实际上是在同一个团队中。**

标准的员工手册就是一个很好的例子——我从未见过一个带有如此误导性标题的文件的例子。如果员工认为标准员工手册可以帮助他们应对公司情况，取得事业成功，那结果将事与愿违。像许多管理政策和程序一样，制定该手册的初衷绝非像所写的那样鼓舞、激励或吸引员工，甚至从未想过让许多员工阅读该手册！

2013 年，我偶然发现了我们在美国的就业合同，然后与所在的 Reward Gateway 公司发生了冲突。我们当时的公司价值观是"人性化"，鼓励信任员工，做正确的企业家，但我们当时在美国的业务很小，所以购买了现成的聘用合同。然而，购买的合同不适合我们的价值观，在各个方面的规定太苛刻，完全违背了我们雇主的运营规则，做对我们价值观毫无意义的斗争，保留我们不需要也永远不会使用的公司特权。感觉一点也不像我们，让我们看起来不可靠。

我们的合同	我们的文化和价值观
不能离开我们去为竞争对手工作	我们的价值观"人性化"的内涵是，每个员工都有自己的个人生活和事业。我们不能给任何人提供一份终生有保障的工作，那么合同这条规定合理吗？我们真正害怕什么？这让我们看起来格局很小
如果我们在雇用期前6个月解雇你，我们会支付你一个星期的解雇费（美国没有这种规定）	靠一个星期的解雇费员工怎么能活下去呢？他们怎么付房租或为孩子买食物？我们知道大多数人都没有存款。这不符合我们"人性化"的价值观——如果我们主动解雇员工，我们应该支付两个月的解雇费
三个月试用期通过后，你可以享受福利待遇	为什么？招聘到人才就该有相应的待遇！我们在不确定他们的能力的情况下，就随便提供工作机会吗？这让新员工什么心情？三个月试用期就不把他们当正常员工对待了吗
我们可以随时浏览你的电子邮件和文档，不必另行通知	这是不对的——世界发生了很大变化，工作和生活是一个整体，而不是分离开的。有些人的个人物品是他们自己的，不管他们是否使用我们的笔记本电脑。当然，我们只有在正式的调查和高层处罚的情况下，才能行使该权利，并通知员工

我曾经询问招聘团队，员工在签约时是什么感受，他们告诉我，签约时经常会引起问题，因为这与候选人的招聘过程截然不同。

我们先要求员工签署合同，然后不得不再去给我们在美国雇用的每个人道歉，这让我感到羞愧。我亲自重新起草了那份合同，在撕毁所有旧合同并与美国团队签署新合同之前，取消了对公司的所有单方面保护。

我们现在都是实习生吗？

管理不善可能无法带来**终生雇用**。我们都知道，公司现在不能提供终身雇用，但即使它们能，谁会想要呢？

想象一下：你申请一份工作，是因为你认为它非常适合你的技能、兴趣和能力——它让你兴奋，你想全身心投入其中。但是一旦你选择了，就终生不能改变了；这是你唯一能做的工作，因为你已经签了一份终身雇用协议。18 个月后，当这个职位的需求已经改变或者我们已经找到了一种不同的方法来做这份工作时，你还将留在公司，就因为你签署了一份终身雇用协议。谁会真的想要这份工作？

事实上没有永久性的工作

或许这是件好事——我很有能力，受过良好的教育，值得拥有卓越的工作环境，我们应该相信只需一位雇主即可满足我们的需求。

我们希望拥有终生职位的原因，是因为终生职位带来职位安全感的幻想——仅此而已：一个幻想。如果我们敢于直面这一点，我们可以绘制新的蓝图，掌控自己的职业发展和更好的选择，取消我们称之为实习生与正式职工在任期和待遇上的差异。

只要你热爱这份工作，也做得非常出色，并且客户需要完成工作，你就应该做这份工作。如果不是这种情况，同一家公司可能会有其他适合你的工作，也可能没有。但是你的工作对你的长期幸福来说太重要了，不能做一份你不热爱的工作——永远不要有凑合的心态。

问题在于，我们的逻辑早已陷入了一个思维怪圈——我们认为，任何主动离职的员工都是“不忠诚”的，而我们也未能“留住”他们。我们主动解雇员工时，认为员工让我们失望，他们弄糟了一些事情或者在某种程度上存在问题。然而，事实往往不是这样吗：在一份工作上做得出色的员工并不一定在其他工作上做的一样好？

能够将你的产品团队从 10 人扩展到 80 人的人可能不是那个可以从 80 人扩展到 200 人的人。你因为员工之前完成的优秀工作而保留员工的职位是错误的，会使双方都失望。保留员工职位的唯一原因应该是他们可以胜任未来的工作。

我们在招聘时评估员工是否适合这份工作，但很少再次评估

保持持续的评估过程对双方来说不是更公正吗？我们的绩效考核，甚至是薪资考核，都是在考核过去的成绩，而我们不是应该展望未来吗？“公司未来需要做什么？”“这个员工是我们目前的最佳人选吗？”

一直有人问我这样的问题。“哦，格伦，我听到某某已经离开了，怎么回事啊？他们做错了什么？我以为你喜欢他们。他们让你失望了吗？”我经常回答，“他们很棒，但他们的工作现在已经完成了，我们下一阶段的发展需要具备不同的技能和能力的人”。通常只在非常时候才能采用主动解雇员工的方法，但肯定应该是常规现象。如果团队一半成员留在公司，主要是因为他们过去表现优秀，那我们怎样才能进入这样一个世界呢：员工能够从事最适合他们的工作，可以留在他们喜欢的公司，可以做让他们充满激情和热情的工作？

“不解雇家人” 的文化神话

在《最后吃才是好领导》(*Leaders Eat Last*)一书中，西蒙•斯涅克（Simon Sinek）认为“做一个领导者就像做父母一样”，并说明领导者的最终作用是为他们的员工提供安全感，并且从安全感的角度来看，信任将会增长，业绩将随之而来。他提倡“无解雇政策”，称你永远不会解雇你的家人，所以应该尽一切努力避免解雇你的团队成员。

我觉得，这是对如何成就伟大的文化的错误理解。无解雇政策意味着你的团队将会遇到不正确的人，他们无法完成需要完成的工作，这将损害团队和公司的业绩。试想一下团队其他成员的感受。

伟大的文化并不是指公司提供一些额外津贴的福利和桌式足球式的竞争机制（桌式足球是指，用左右手同时竞技的方式来提高参加者身体的协调能力，开发智力，增强记忆，所以它也被称为“脑部桑拿”），伟大文化的产生并非易事。**伟大的团队在可以从事伟大工作的环境中，为令人叹服的使命而努力，做出伟大的成就，这造就了伟大的文化。**因错误的家庭忠诚感而留在团队的员工，会破坏这种感觉，也妨碍这些员工从事他们所爱的工作。

“终生职位的想法是我们最残酷的谎言之一——世上根本没有终生职位。我们给员工带来了可怕的伤害，让他们认为他们会永远在一个职位上待下去。我职业生涯中最大的顿悟是，我决定不再试图永远留住员工；相反，我想让奈飞成为员工曾经待过的一个很棒的地方。”

——帕蒂•麦考德（Patty McCord），奈飞前首席人才官，著有《奈飞文化手册》（*Powerful*）一书

我们需要更诚实的管理实践，接受我们现在从事的都是暂时性的工作，我们都应该得到我们可以擅长的伟大工作。如果我们有这个思想准备，那

么也许我们可以谋划在公司内或公司外的职业道路，而不会让对公司不忠或恐惧未来的情绪阻碍我们。

管理层拥有真正的权力

最重要的是，你的经理以及你经营业务所遵循的政策和程序有权力制定或打破领导层所希望的文化。尽管如此，我们很少根据公司的价值观培训管理人员如何管理。这就是许多文化变革项目失败的原因：领导层制定了一条新的道路，但随后却未能让管理层参与进来，也未能亲自修订实际使组织发挥作用的数百个流程、形式和机制。

真诚地管理你的员工，通常需要重新制定对待员工方式的规则，并重新培训或解雇那些不希望遵守这些新规则的管理者。管理者抵制新规则的常见原因有四个：

（1）管理层不理解领导层在说什么，所以不能贯彻到底；

（2）管理层不相信领导层的承诺会发挥作用，所以不能贯彻到底；

（3）管理层认为受到领导层的威胁，所以破坏一切；

（4）管理层没有足够的实力来履行领导层的承诺。

让你的直属管理人员参与进来并确保他们能够、愿意并有足够的实力以你想要的方式管理人员是关键所在。管理者拥有巨大的权力——盖洛普的数据显示，50% 的员工因经理而离职，70% 的敬业度分数与经理的管理有关。

管理层至关重要

领导层可以激发你成就一番事业，让你参与公司战略，使你渴望公司成功，然而真正与你的员工朝夕相处的是管理层。

糟糕的管理人员会深深地伤害员工——通常在他们逃离这样的管理环境后，他们可以恢复常态，不过这期间确实对他们造成了伤害。要善于识别糟糕的管理人员，尽快解雇他们。否则，你将失去员工的尊重，因为员工是最先遭受到糟糕的管理人员造成的痛苦的。

实　践

颠覆传统者孜孜以求的关键成果

真实性创造高度信任。公司通过高度一致的管理实践每天履行其目标、使命和价值观，创造极度信任的文化。这有利于更好的双向沟通，特别是代表一线发言，因为员工认为公司可以信任其行为。

作为雇主的良好声誉。颠覆传统的公司创造卓越的工作环境，赢得良好的声誉。他们敢于明确地公开谈论工作并非终生不变的。他们努力工作，为雇主和员工创造真正的双赢，创造有效发展的工作场所，使他们的员工高度胜任工作。

关注客户。当管理实践与价值观和使命一致时，每个人都可以专注于客户，因为没有任何障碍。在管理实践与价值观和使命不一致的非真实文化中，组织变得政治化，员工把精力消耗在维持其地位和保住工作上。

主要的颠覆传统的行为

颠覆传统者努力在公司领导层和各级管理层之间创造巨大的一致性。我们看到的关键内容包括以下几个方面。

1. 制定符合多数员工而非少数员工的人力资源和财政政策

颠覆传统者认为大多数人是善良和可信的，他们制定的人力资源政策和实践尊重他们的员工并尊重员工的良好意愿。他们快速而有效地处理那些不遵守这条规则的员工，毫不犹豫地将他们从团队中剔除。

2. 将人力资源实践与使命、目标和价值观保持一致

颠覆传统者无情地审查人力资源和管理政策，以使其符合领导层制定的公司价值观和文化宣言。这表明，该组织是认真的，并致力于遵循其文化。

3. 与员工保持平等的人际关系

颠覆传统者接受新的现实，即雇主和雇员可双向选择，与员工保持更加平等的关系，承认这一点的重要性，并在工作和职业发展过程中遵守承诺。

4. 忽略已建立的人力资源最佳实践

颠覆传统者不惧怕与众不同，如果不符合他们的目标，就要摒弃已建立的“最佳实践”。这种方法是放弃年度绩效考核——《财富》1 000 强中有 12% 的人已经放弃了传统的绩效考核，包括通用电气、德勤、GAP 和埃森哲在内，他们认识到绩效考核面向的是过去，而不是未来，并且主要关注对员工的评分，而不是帮助他们达到最佳状态。

5. 与律师保持良好关系，但要谨慎管理

颠覆传统者与他们的法律团队建立了良好的关系，以确保他们遵守当地法律，保护公司免受真正的威胁。他们还会采取重大举措，不断权衡是否会引起诉讼、何时引起诉讼、诉讼费用和保护方法，以评估诉讼对其他员工的影响，以及它是否值得去应对。

从头开始

把员工手册拿出来，让员工为之自豪。大多数公司都有一本员工手册，对我们许多人来说，手册是非常糟糕的，只讲纪律处分以及如何解雇员工。虽然总有一些法律要求需要你遵守，但根据你所在的国家，最好先开始审查手册。审查手册内容是否符合价值观。可访问 rg.co/employeehandbook，了解我们的手册内容。

请员工评审你的政策、实践和员工合同。向一群真正的员工征求他们的真诚反馈，可能会让人大开眼界。令我惊讶的是，我们竟然在手册里放了很多员工不理解的法律和人力资源术语，努力学习这些术语有助于我们与员工建立更加平等的关系。要求员工签署即使是经理在尝试阅读时也不能真正理解的合同并不是一个好的开始。我发现，让我们公司最害怕合同的员工帮我们制定容易理解的合同会真正的有所帮助。

大胆宣言。与你的团队分享本章的部分内容，并且大胆地向员工宣布，你想使管理实践更符合公司的价值观和领导力声明。建立匿名反馈渠道，并询问员工管理实践不符合公司价值观的事例。每次反馈，我都惊讶有这么多未达标的地方，多年来我们也一直致力于解决这些问题。

付钱请员工离开……：美捷步

场景

像许多公司一样，在线鞋类服装零售商美捷步（Zappos）认为，员工真正接受公司的文化和价值观非常重要。但是，你知道有多少公司如此坚定立场，他们有一套程序，让新员工选择留在公司，或者拿一大笔薪水（一个月的工资）然后离开公司？

他们疯了吗？为什么公司会付钱请员工离开？美捷步并不这么认为。该公司认为，为新员工提供了一定数量的资金，使他们能够做出正确的决定，而不是仅仅因为他们需要钱才留在不适合他们的文化中。洞察力文化传播者乔恩·沃尔斯克（Jon Wolske）表示："文化适应必须是双向的，所以我们要确保新的团队成员不会觉得他们被困在一个他们不会真正获得成长的地方。我们明白，公司文化并不适合每个人，我们想让他们从自己的角度诚实地选择适合自己的文化。"

戏剧

只有 2% 的新员工拿着钱离开美捷步，这要归功于他们在为新员工提供选择之前所做的一切。从招聘流程开始，就将文化和价值观展示在首页和中心位置，在求职者进入发布职位的页面之前，他们必须浏览有关它们的页面并展开讨论。接下来，公司鼓励应聘者提交视频（而不是求职信）展示自我，帮助公司了解他们是否合适。最后，在面试过程中，从最初的筛选到团队面试，围绕着文化和价值观进行讨论，以了解候选人，反过来也让候选人了解美捷步。

激烈的选拔过程结束后，你会认为"文化契合"的过程将会完成。然而，他们认为这只是一次相当漫长的长途跋涉的第一步，后面还有长达一个月的自我定位过程来完成文化融合。沃尔斯克说："欢迎新员工加入美捷步文化，并帮助他们了解我们对文化是多么认真，帮助他们积极热情地投身于我们的文化。"

这种新颖的方法对美捷步很有效，一个月的"离职补偿"工资代表了美捷步文化保护过程的最后一部分。

实　践

- 想办法将你的文化和价值观融入招聘过程，让你和潜在员工看到“真实”的东西。
- 建立足够强健的招聘流程，让新员工能够看到和感觉到公司的真实面貌，如果未发挥作用，考虑勇敢地采取一些措施。尽早放弃权宜之计，去真正解决问题更好，对吧？

摒弃绩效评定和年度考核：GAP 公司

场景

时尚零售商 GAP 有一个传统的绩效评估流程，但它对企业和员工都没有发挥作用。“它既复杂费时又昂贵。仅在我们公司的总部，估计员工每年就花费 13 万个小时，并支付大量的工资来完成绩效评估流程。”除此之外，经理和员工也不喜欢这个流程——正如一位员工抱怨的那样。“我认为这是浪费时间，造成不必要的压力，而且在现代社会这确实是一种老式的思维方式。”人才规划和绩效部总监罗伯·奥兰德·克兰（Rob Ollander Krane）说。

所有这些，再加上人力资源和绩效思想领导之间日益形成共识——传统的绩效管理已经走到了尽头，GAP 决定彻底改革其方法。将新的理念和过程推广给总部的全球员工，并在 2016 年将其融入五大品牌之一，并向商店员工宣传。结果非常成功，哈佛商学院用它作为其 MBA 项目的研究案例，GAP 公司也因此赢得了声誉卓著的创始人创新奖——其首次颁发给人力资源项目。

戏剧

新的绩效管理过程被称为“GPS”，分别代表成长、表现与成功，这是GAP对管理者寄予希望的一个类比。“车上的GPS帮你设定目的地，如果你在开车时转错了弯，它会重新进行实时计算，带你回到正确的路上。我们希望管理者能像一个真正的GPS一样，全年随时纠正员工的表现。巧合的是，GPS也是公司的股票名称，所以内部业绩衡量的名称现在与外部业绩衡量相匹配。

五大元素分别为如下内容。

（1）**以绩效标准**替代评定量表，全面概述对员工期望的行为。“它体现了我们新方法的方方面面——具有成长的心态，从反馈中传递和学习，开展有规律的、开放的和诚实的对话。它不止关注你达成目标过程中做了什么，它同样关注你达成目标的方法。”奥兰德·克兰说。

（2）**目标**侧重于结果而不是任务，最多设定8个目标，以确保员工将重点放在少数几个重要目标上。奥兰德·克兰说：“驱动绩效并不是把你列在‘要做’清单上的所有事情都勾掉，而是想想如果你全部做到了，将会带来怎样的变化。”

（3）**接触点**以12次非正式讨论代替年度审查会议。无论何时何地举行，他们都关注三个问题：哪些进展顺利？哪些进展不顺利？下次你会做哪些不同的事情？

（4）**奖励**已经发生了革命性的变化。由于没有评级或强制分配曲线，管理者不得不重新考虑如何分配绩效和奖金。“这就非常简单了，更类似于我们期望管理者管理我们的产品的方式。如果一个产品做得很好，你就要对它进行再投资，这里的概念是一样的——你给那些提供最佳结果的员工更多的钱。”奥兰德·克兰说。

(5) **学习**包括几个模块，从反馈对话到如何分配奖金，开发这些模块的目的都是为新流程提供帮助和支持。

GPS 过程产生了显著的效果，对人力资源指标产生了积极的影响；节省人力资源、管理人员和员工的时间，并帮助改善员工的表现。GPS 流程可以很明确地驱动绩效，在无评定和审核的情况下，激发员工敬业度。

实　践

- 回顾一下，你的公司以何种方式、在什么时间开展绩效对话。如果效果不明显，可以进行改变，使其真正发挥作用。
- 审查一下你的业绩评定流程：它们是驱动绩效、奖励员工，还是妨碍公司发展、阻碍员工进步了？

创造 SMARTA 目标设定流程：Xero

场景

Xero 公司为小企业制作会计软件，公司无不体现着联系：把客户与正确的数字联系起来，把员工与公司的战略和愿景联系起来。当公司起步时，这很容易做到，但随着员工人数的增长，维护这种必要联系变得比较困难。

正如人事体验部总监安妮·艾伦（Anne Allen）所解释的，“我们认为，我们的员工都朝着同一个方向努力是很重要的，我们的主要业务重点显然是在董事会会议室外生活和呼吸”。对艾伦来说，这意味着重新审视目标设定面临的挑战，那不仅仅是指“在方框里打钩”（检查清单）。为了实现这一目标，她开始说服管理人员和领导人将激励技术和心理学应用到通常被认为是纯粹的商业活动中。

结果带来了一个新的目标设定过程，这有助于推动与个人和组织的更深层次的联系——如果员工有机会做他们生命中最好的工作，这一点是必不可少的。现在还为时过早，但艾伦说："随着对话和讨论的进行，大家都投入了热情，气氛热烈，真正的一致性正在形成"。

戏剧

Xero 的新目标设置过程被称为"SMARTA"，并将其加入传统的 SMART 目标设置过程中。新的"A"代表一致性，包含两个关键信息。

（1）首先，强调与公司战略保持一致，管理者帮助员工制定目标，以适应并推动关键运营事务。艾伦说，这一点很重要，这样员工就可以"朝同一个方向努力"，同时也可以让员工理解他们如何为公司的整体成功做出了贡献。员工受到使命感的激励，这对提高他们的敬业度至关重要。

（2）其次，也是艾伦认为最令人兴奋的部分，因为它给目标设置增加了一个新的维度，强调了个人一致性。它鼓励管理人员和员工讨论并挖掘个人激励因素和驱动因素，并探索可以帮助个人实现他们的目标和梦想的工作方式。个性和目标感绝对是讨论的关键部分，因此每个员工都可以"全身心投入工作"。艾伦相信这种类型的一致性讨论会推动员工与企业的更深层次的联系，非常值得探索。管理人员投入了大量时间来了解员工真实的愿望，反过来促进了信任与联系，这是员工和企业发展的关键要素。

Xero 已经发现，目标设定过程的转变有助于在团队中创造更大的意义感与目标感。参与这些类型的谈话的员工可以借此机会明确地去了解公司想要达到的目标，以及他们如何推动实现该目标。这是了不起的成功，大大激励了员工贡献自己的力量。

实　践

- 确保你的目标设定过程既注重联系又注重协调，管理者帮助员工制定目标，让每个人都朝着同一个方向努力。
- 如果你真的认为目标设定等过程会对你的员工和公司产生影响，去积极调整它们。

旨在建立长期关系的招聘：Vitsoe

场景

Vitsoe 是一家英国家具制造商。该公司以坚定的意志设计出能够延续几代人的家具，并且长期以来提供最佳的客户服务。公司的招聘方法和流程亦是如此，这同样有利于员工与公司建立长期雇佣关系。这需要更多的时间和更多的资源吗？确实需要。值得吗？当然值得。就像 Vitsoe 不出售一次性家具一样，公司也不雇用“一次性”员工。

戏剧

Vitsoe 的全面招聘流程中有三个非常重要的部分。第一部分是电话筛选面试者，通过电话面试，“我们不会被外表分散注意力”，CEO 马克·亚当斯（Mark Adams）如是说。电话面试一般需要 20 到 40 分钟，用来判断候选人是否可以参加下一阶段的面试。第二部分是让候选人参加面对面的面试，然后再评估合适的人选。

最后一部分，也是该流程最独特的一部分，候选人有一个完整的试用日，以显示对该流程的承诺。候选人在家具制造厂待半天，在家具销售店待半天。其目的是观察“真人”在各种环境和情况下的反应，无论是正式的还是非正式的环境，无论在何种地方，无论是在路途中还是吃饭过程中。最后，所有与候选人有过接触的人都会聚在一起讨论和辩论他们的看法。如果任何人有任何疑问，就不会给候选人工作机会。亚当斯说，在整个流程中首先根据性格，其次根据技能来评估候选人，并且“不会被这份优秀的简历分散注意力”。“我们希望把候选人置于我们能看到‘真人’而不是‘被面试者’的环境中，正如俗语所说，确保眼见为实。”这样的结果是建立了一种真正的长期关系，该公司的员工平均服务年限为 15 年。

实　　践

- 在招聘过程中构建步骤，以确保你招聘到适合你公司的短期员工和长期员工。
- 在你的面试流程中优先构建一种方法，其能帮助你招聘到确实合适的人，而非会面试的人。

以人为本：Talon Outdoor

场景

Talon Outdoor 是一家媒体机构，拥有以人为本的理念。该组织以雇用聪明、热情、有进取心的员工为荣，然后着力培养他们，认真对待他们。这对该机构来说确实有效，获得的诸多荣誉就是最好的证明，比如，其第二年荣登英国《星期日泰晤士报》“100 家最佳小公司”榜首，之前一年排名前十。

作为公司健康和福利战略的一部分，找到支持员工和改善工作与生活平衡 / 结合的方法很重要。正如人事部负责人马帕拉·费尔南德斯（Mapara Fernandez）所说，“在当今信息爆炸的世界，可以通过各种可能的手段进行联系，抽出时间关机比以往任何时候都重要”。

戏剧

该公司找到了一种处理电子邮件的新方法，称为“七到七”指南：目的是鼓励员工在每周 7 天的下午 7 点至早上 7 点之间不发送非紧急电子邮件。“制订该计划的目的是让员工养成一种习惯：一旦他们离开办公室，就不再查看电子邮件，这样他们就可以专注于那些重要的，与他们生活相关的非工作领域，无论是他们的家庭、爱好或只是休闲娱乐。”费尔南德斯说。他们还希望确保员工了解电子邮件对他们自己和他们的生活质量以及他们的同事的影响，然后让他们做出最好的决定。

为了支持这些新指南，他们做了三件事。首先是帮助员工思考非工作时间发送的电子邮件的影响，比如，你在晚上 8 点收到电子邮件时的感受，以及它如何影响你的家庭生活和你的心态。

其次，该公司提供了有关员工如何高效工作的实用技巧，例如延迟发送电子邮件。

最后，公司发布新闻稿，与客户分享了这种方法。“客户看到我们真正关心员工的健康，十分尊重我们做的事情。他们还看到，该倡议并没有破坏我们公司的工作质量和高水平的服务。”费尔南德斯说。这一新流程提高了公司在“最佳企业福利”中的得分。2016 年，公司位列该品类第三。

实　　践

- 考虑工作实践对员工的影响，并找到哪怕是实现最小变化的方法。

“永远在线”，应对员工反馈：Dunelm

场景

英国家居连锁企业Dunelm，是一家与客户、供应商及9 000多名员工保持良好关系的公司。公司与员工保持关系的一种方式是年度员工意见调查。然而，他们开始质疑这种做法，并反问自己，“如果我们不断地调查我们的客户，为什么我们每年才调查一次员工？”以及“这是否真的与我们快速和诚实的反馈文化相符？”

该团队着手创建一份员工调查，保持与客户调查同步——“可以在任何时候询问和访问”。该调查刚推出一年，从员工那里收到的反馈已经非常多了，这帮助企业做出了积极的改变，并且加强了管理者和员工之间的沟通。

戏剧

基于净推荐分数（NPS），Dunelm的“永远在线”员工调查提出两个简单的问题：“你认为Dunelm是一家好公司并值得推荐吗？”以及“请指出公司的优点和缺点，我们将予以改正”。对第一个问题回答的分数，可以衡量员工的敬业度。第二个问题可自由作答，公司可根据这些回复中使用的关键词或短语来分析员工的倾向和情绪。

“我们对所收到的反馈的平衡感到惊讶，有的员工分享优点，有的指出缺点，有的漠不关心，什么样的回答都有。”薪酬经理威尼·豪尔（Wayne Hall）说。该公司平均每周收到 50 条评论，大多数员工回答第二个问题的所有三个部分，平均涉及六个主题。这些丰富而频繁的数据已成为一种有用的管理工具，管理人员能够立即查看员工的反馈，并就此采取行动，其每天都在帮助他们做出更好的决策。例如，员工关心休假请求和轮值表流程，一经提出，管理人员可以迅速有效地采取行动。豪尔说：“我们已经能够通过这项调查迅速将事情扼杀在萌芽状态，而不必等到年底，那时可能为时已晚，或者事情可能已经发生了变化。”

“永远在线”调查已成为 Dunelm“保持倾听和观察”计划中三大部分不可或缺的一部分，用于收集员工反馈。另外两部分分别是年度员工敬业度调查和倾向调查，其中，年度员工敬业度调查提供年度基准数据；倾向调查意在得到目标明确的反馈。这些调查把员工的意见传达给管理人员，管理人员也可就此采取行动。

实　践

- 请想一下，年度员工敬业度调查是否能从员工那里获得足够的反馈。如果不能，请找到收集更及时反馈的方法。
- 请你的管理人员负责对员工反馈采取行动。人力资源部门负责制定系统和流程，但管理人员负责执行。

7

第七章 工作设计

本章目标

主要内容

- 讨论我们怎么会陷入这样一种困境——如此多的员工在工作中找不到乐趣、满足感和自豪感。
- 提出一个基于工作要求以及员工自主权来认识工作的模型。
- 解释我们能创造高敬业度工作的关键方式。

要点

- 糟糕的工作设计会破坏员工敬业度。
- 有些工作太简单，以至于无法激发敬业度，因为它们缺乏自主权和自由度。
- 设计最佳的工作从一开始就融入了认可和学习。
- 工作设计问题实际上是认可问题出现的根源。

引　言

坦白地说，我们在工作设计上普遍都很糟糕。

大多数工作实际上根本没有任何设计——如果遇到零零星星的工作，我们还心存侥幸，我们很少去思考做这些工作的人会有什么感觉。结果，我们每天都在做枯燥、重复甚至令人沮丧的工作，员工甚至都麻木了。

更糟糕的是，我们用工作描述来对这些职位进行分工——一些最糟糕的文件来自人力资源部，我经常认为制定这些文件的主要目的是在解雇员工时使用，那时候他们就可以说："看，这些工作你一点也没做。"这还不够，我们还在求职广告中介绍这些工作描述，以掩盖漏洞，还使得关键职责模棱两可或难以理解。

这里的悲剧在于，如果人力资源专业组织发展得到更多的关注，那么工作设计是人力资源真正能够领导的领域。关于工作设计的讨论比起其他任何敬业度方面的讨论都少——有趣的是，我们采访过的许多人甚至没有把它看成敬业度驱动因素，还有一些人甚至没有听说过。

为了把事情做好，我们必须先问一些简单的问题：

- 员工做这个工作时会有什么感觉？
- 我能想象一下有员工能在这份工作中感到乐趣和满足吗？
- 我如何能看到工作进展？
- 这个角色如何促进我们的使命？

如果我们不能肯定地回答这些问题，这就说明，我们可能需要重新思考这个角色。**如果我们希望在企业内激发敬业度，首先需要消除无法产生较高敬业度的工作岗位。**

一份好工作的特点并不复杂。员工希望工作能培养和发展他们的技能，能让他们觉得自己正在创造一些有意义的东西，能有足够的挑战，能长期激发他们的热情，并且有足够的自由和自主权，不会让他们觉得自己只是工业大机器上的一枚螺丝钉。大多数领导层和人力资源工作大都符合上述各项，这也许正是我们在这个领域变得如此糟糕的原因：**也许所有大权在握的人的工作岗位都有不错的工作设计，不能理解在糟糕的工作岗位上工作的员工。**

例外情况

巴里·施瓦茨（Barry Schwartz）是宾夕法尼亚州斯沃斯莫尔学院的心理学家兼社会理论与社会行动教授。他在其著作《我们为什么而工作》（*Why We Work*）中，提出了一个问题，“工作设计，尤其是工厂生产系统，是员工不敬业的根源吗？”他认为，工厂系统为提高工作效率和产量而牺牲了工作中的自豪感和使命感。

我们大多数人已经习惯了我们所有工作生活的工厂生产系统。许多工作是为了提高效率而组织起来的，而非实现个人成就；创建角色是为了便于管理或成为流程的一部分，而不是通过实现目标来给某人带来满足感。

但情况并不总是这样。工厂系统由亚当·斯密（Adam Smith）创建，他通常被认为是资本主义的第一个理论家。斯密认为，人们一般会尽可能地寻求最简单的生活，必须工作的原因是，只有当其完成工作，才会拿到薪水。他发现，将工作分解开，每个人专门负责一个环节，能提高效率，于是发明了现代生产线。他知道这样做的结果是，人们不再有工作满足感，但他认为普通人不喜欢工作，唯一重要的是工作产生的回报或奖励。

员工成为生产机器的有效零件

在工业制造经济时代，工厂系统极大地提高了生产效率和产量——给社会带来了巨大进步，不过，人们不得不从事无聊、厌烦和重复性的工作，只会为了钱才会去做的工作，难以从工作中获得自豪感，满足感和满意感。

在Reward Gateway刚成立的时候，我们在部分后勤部门有这样的工作。有人认为，某些工作不能给他们任何喜悦感，最适合那些没有远大抱负，只是按部就班地完成任务的员工。我们当初竟然认为，员工可以接受无内在满足感的工作，现在回想起来，依然感到一丝惭愧。

工作设计具有广泛且经常被忽视的影响

人们对工作设计的问题知之甚少，我们的一些最好的思想家都忽视了这个问题。管理顾问西蒙·斯涅克（Simon Sinek）在其 TED 演讲“为什么优秀的领导者给你带来安全感”以及《最后吃才是好领导》（*Leaders Eat Last*）一书中，均提到了这样一件事：机场的一名登机门服务员，向一名试图登机的男子大喊大叫，当他问到她为什么态度这么糟糕时，她的回答是，“先生，如果我不遵守规则，我可能会遇到麻烦或失去工作”。他的结论是，对她的领导缺乏安全感和信任，她才对乘客表现得如此糟糕。

不过，我认为还有另一种解释。登机门服务员行为的问题不是出在她要做的事情上，而是出在她做事的方式上。她可以温声细语地向顾客解释说，这不是他的登机口，而不是大喊大叫，让他难堪；前者仍然是遵循规则。但她没有；她态度恶劣，咄咄逼人，原因并不是缺乏安全感，而是她对自己的工作感到压力、沮丧和愤怒。

机场的登机门服务员从事着一项艰巨的工作，需要满足很多需求，却只有很小的控制权。登机门服务员负责登机道，打开机门，督促机组人员就位，按照日益复杂的顺序办理数百名乘客的登机手续，并处理超预订情况，使用的却是老旧的系统。他们几乎没有控制权：这是一项对安全要求非常高的工作，需要严格遵循既有的规则，没有自主权。如果商务舱中有空闲的座位，选择哪位乘客升舱，也要根据飞行常客身份进行程序化处理。就工作设计而言，登机门服务员的工作很糟糕。

设计高敬业度工作

好消息是，我们确实知道如何设计伟大的工作。我们了解是什么让工作变得令人满意或令人沮丧。应用关键原则，有可能使最基础的工作更完整、更令人满意。

首先要从两方面看待工作：（1）对员工来说，工作要求有多高？（2）员工对怎样实现工作目标、在哪里实现工作目标、什么时候完成工作有多大的控制权？

没有高要求或挑战性的工作会导致无聊、沮丧甚至压抑。工作要求很高但不给员工赋权会让人筋疲力尽。要求高、富有挑战性、令人兴奋的工作，再加上高度的自主性和控制权，是最令人向往的工作，是员工热爱的“甜点”，也是拥有高敬业度的工作。

设计高敬业度工作

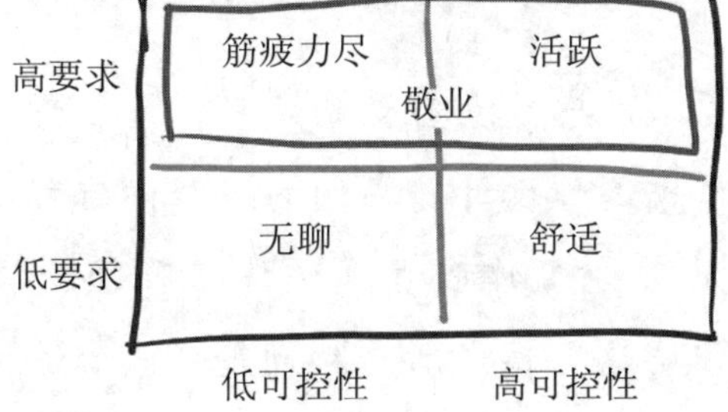

我们在考虑需要某些 TLC 的组织或团队中的角色时，可以问自己以下三个问题。

1. 我怎样才能为这个角色赋予更多的自由?

我怎样才能根据他们的判断给予这个人一些决策权，哪怕是小小的权力？我可以改善工作方式、工作时间和工作地点的灵活性吗？

2. 员工实际的产出或结果是什么?

我们如何才能改变员工或团队对工作的感受？让员工完全清楚自己的付出、工作成果或者端到端的整个过程？这样他们周五回到家可能会有完全不同的感受，从**“这太糟糕了，我们有太多的事要做”，变为“多么美妙的一周，我们收获满满的”。**

3. 这个角色将如何发展?

发展实际上是工作设计的一项职能，而不是培训——若想获得发展，你实际上需要成长空间、距离和自由。那么，“这个角色如何随着员工技能的成长而发展呢？”这与询问个人接下来会扮演什么角色有所不同。

“我们往往在员工刚入职时，在他们的办公桌上放一本规则书，强烈警告他们永远不要越界。我们几乎从不帮助他们创造一个舒适的工作场所。”

——林赛·麦格雷戈（Lindsay McGregor），*Primed to Perform* 合著者

观察作为认可问题呈现的工作设计

如果你听到员工说感觉没有受到认可，请在考虑是否需要一个新的认可计划前，考虑工作设计。我们的工程师曾经提到这一点，然后我们改变了他们的部分工作职责。允许工程师轮流负责各种产品，以保持新鲜度，但是这也造成所有权问题，当客户希望就某个产品表

达感谢时，公司没有人清楚具体该感谢谁。一种良好的解决办法是，分配工程师，长期负责某产品，这样可以培养他们的所有权。我们也可以引入责任制，这样员工就了解该感谢谁了。

实　践

从许多方面来说，工作设计都是文化的核心。设计出色的工作意味着建立一种信任超越审批的文化，一种自由超越流程的文化。这意味着接受将要发生的失误和错误，无论何时出现错误，都避免在下意识反应的冲动下创建流程或限制自主权。

关键成果颠覆传统者争取具有自主权和责任感的工作。高度敬业的员工充满自由感和责任感。他们自我激励，找出最适合自己和公司的东西，并且可以以最少的监督和最少的流程执行工作，赢得公司的信任。

员工对产出负责而不是任务负责的文化。如果角色设计得很好，员工会觉得他们对与使命相关的结果负责，以他们所做的产品作为目标，并且清楚产品与公司成功息息相关。这与基于任务和行动的更传统观点形成对比。

接受灵活性与改变。在最好的公司中，从来听不到有人说，“这不是我的工作”。员工认为他们的组织会不断成长和变化，他们的角色将随着组织的发展而不断发展。在工作描述的末尾可以一直加上**“分配的其他职责”**。

主要的颠覆传统的行为

颠覆传统者设计具有几个共同特征的角色和团队。

1. 包容失败，自由成长

颠覆传统者设计的角色给员工失败的机会，可以帮助员工自由成长。他们意识到，企业中出现的大多数问题都可以以不高的成本解决，并且这个成本低于以过多的流程阻止成长、发展和创新的隐性成本。

2. 责任制与可视化

颠覆传统者明白，问责制与可视化是员工喜爱的好工作的基础。他们界定的角色具有明显的可以看到的结果，并且他们努力显示这些结果，以便员工可以看到并分享他们的成就。

3. 以使命为中心设计工作

颠覆传统者清楚，实现公司使命的唯一方法是使其成为每个员工的工作目标。他们在设计工作时以此为唯一的最终目标，所有的工作角色因此有了共同的聚焦方向，并被赋予意义。

4. 专注且精练的团队

在设计工作时，颠覆传统者会考虑个人和团队。他们考虑团队如何协同工作、协同运作和共同成功。在亚马逊，杰夫・贝索斯（Jeff Bezos）有两个比萨饼规则：任何一个团队的人数不应超过两个比萨饼能喂饱的人数，这就把团队人数限制在 6 ～ 7 人。这样便于沟通管理。对于一个 6 人团队，每个人之间相互有 15 种关联——可能需要 15 种沟通——但是对于一个 12 人的团队，关联数量达到 66 种。

5. 不断进步的工作

颠覆传统者创造更宽松的角色定义，专注于责任和结果，而不是任务和一致性。这使他们能够随着流程和技术的改进而灵活改变工作角色的职责，并允许员工在他们的角色中成长、发展和前进。

开始行动

彻底改变工作描述。迈向这些目标的第一步是彻底修改工作描述。无论你是制作职位描述、招聘广告还是两者兼而有之，都要消除任何无法写在小垫子背面或在晚宴上无法解释的内容。确定这个人应该负责什么，而不是他们应该做什么，出现问题时，可以直接找到负责人。

我们知道接待员必须接听电话、开门，或者还包括扔掉垃圾。但他们真正负责的当然是创造世界一流的游客体验，让客人感觉他们刚刚去过最不可思议的地方。

对于一份良好的工作描述，需要描述其内容时，员工会依据记忆自豪地将其概述出来，而不是临时慌慌张张地去文件夹中查找。

关于招聘广告，要注意真正的属性和技能，这将使某人在这个角色中发挥作用。不要害怕太激进。下面是我们在 Reward Gateway 上招聘内部通讯助理的广告。

招聘广告：内部通讯助理

加强自主性和责任制。让员工对明确可见的结果负责，然后给予他们创新、反复和开拓新方法的自由。除非你处于受到严格监管的行业或安全第一的行业，否则你应该每天都要增加自由度。你可能数十年都会为自由度日趋减少的工作而奔走努力，但这将带来真正的改变。

创建有意义的职位名称。更改任何没有明确显示责任的职位，以便公司其他人确切了解谁做了什么工作以及应该感谢谁。“软件工程师 —— 报表数据库”是一个比“中级工程师”更好的标题，因为它帮助公司中的每个人都知道这个人实际上做了哪些工作，并能每天提醒他 / 应该负责哪些工作。

将创新融入工作和工作实践：Atlassian

场景

Atlassian 公司制作帮助工程师协作的软件。该公司认为，有才能的人团结起来并一起合作时，能创造出卓越的成果。毫无疑问，他们遵循“让你的人成为天才”的模式。研发与工作未来主义者多米尼克 • 普利斯（Dominic Price）说：“我们不信赖孤独的天才。我们相信创新存在于每个人身上，并且需要成为整个公司文化的一部分——而不是集中在一个人身上，或者隐藏在专门的房间里。我们领导的职责就是为他们创造适当的环境来表达这种创新。”

Atlassian 设计思维模式以及创造就业和工作实践的空间，打造创新环境，借此管理公司。从那以后，公司看到了令人吃惊的成果——这些创新实践带来了许多新的产品创意，并为员工提供了更多有价值和有吸引力的工作。多年来，Atlassian 在许多地方的分公司赢得了“最佳工作场所”的奖项，就是最好的证明。

戏剧

Atlassian 创造了三种“惯例”，形成了它的创新文化。第一种是**每天都要创新**，这显然体现了“你追求的改变”的价值观。普利斯说：“我们的价值观体现在我们日常的行为上，而不仅仅是贴在墙上的海报上。这给我们带来了渐进式的创新，并让我们意识到我们的环境以及环境中的变量。”

第二种是**结构化创新**，也被称为“20% 的时间”，即团队计划每周一天或者每五到七周拿出一周时间，集中精力于创新。它是由部门或职能部门完成的，研究与他们的团队或工作有关的事情，但不是完成他们积压的工作。让员工有机会参与工作领域相关的小项目，从而推动将持续改进当成一种习惯：树立预防胜于治疗，防火胜于灭火的理念。

第三种惯例被称为“ShipIt”，Price 认为其在三种惯例中最具颠覆性。员工每个季度都花 24 小时致力于革新最激励他们的工作。员工可以从全球各个角落、各个学科、各种问题和机会中得到灵感，奖励是一个小奖杯和骄傲的资本。“第一次 ShipIt，客厅里有 14 个人参加。几次 ShipIt 后，八个地点有超过 400 个团队参与。”普利斯说。

任何东西都可以成为 ShipIt 的主题，从实用产品到鼓舞人心的设想，从简单的事情到超乎想象的未来，从技术层面到非技术层面。比如，一个团队建议用更好的灯泡替代发热、低效率的灯泡。再如，一个团队聚集在一起解决用一个更简单的门户网站来报告 JIRA（Atlassian 的跟踪软件）的问题，由此创造了他们的 JIRA 服务台。

普利斯还表示：“如果你真正创造了一个环境，并采取了支持创新文化的实践，你的团队开始承担不可能的任务。你的企业开始像一个实验室，员工在这里开展实验，涌现新想法，不断寻求客户反馈，并且快速改进来满足客户需求，打败你的竞争对手。”

通过工作设计实现转型变革：Crawford & Company

场景

全球最大的保险索赔管理公司 Crawford & Company 面临一个极具挑

战性的局面——失去了市场份额，失去了客户，而且员工留职率和敬业度都很低。认识到这一点，这位英国CEO要求人力资源团队用一种叫作“系统思维”的方法来开展组织变革项目。波林·霍尔德（Pauline Holroyd）曾任Crawford&Company公司的人力资源执行副总裁，现任Quo-change咨询有限公司执行合伙人。他认为，“系统思考基于对客户真正重要的事情来观察和改变客户旅程。它在正确的时间、正确的地点聚集正确的专业知识”。对于像Crawford这样的公司，员工互相帮助，这是完美的方法，因为它把重点放在了实现其使命和目标所需要的地方。

结果，该项目设计的工作岗位，符合新的客户旅程，取得了广泛的积极成果，包括取消未给客户增加价值的活动，减少结算时间，以及增加员工和客户满意度，借此来降低运营成本。

戏剧

霍尔德及其团队在该项目中采用的“系统思维”方法包括四个关键步骤。

（1）**判断。**与关键领导人合作，了解当前形势，寻找潜在的机会，就前进的道路达成共识。

（2）**设计。**分析案例和数据，包括历史和现状，同时观察，以全面了解服务和财务方面的表现。开发和测试新的工作设计版本，寻找改进措施。

（3）**部署。**推出一个新的运营模型，包括工作流程、任务和角色。

（4）**发展。**实现维护新模型和贯彻变革的方法，包括采取帮助领导者了解如何履行其服务，以便他们清楚在哪里采取行动，来解决问题并持续改进的措施。

在整个企业中使用这种方法取得的成果绝对是惊人的。从公司的角度来看，结算时间减少了40%，结算决议增加了25%，客户满意度增加了70%。从员工的角度来看，工作变得更加有趣，员工与客户进行更多的积极互动，工作满意度也随之增加。结果，缺勤率减少，人员流失率降低，员工敬业度从40%提高到80%。这些结果显示了通过这种工作设计的战略方法所实现的转变。

实　践

- 确保你的工作符合公司的使命和目标，以正确的方式驱动绩效。
- 请思考，你是否将工作时间和精力集中在正确的领域？如果没有，请借用本书中描述的4D方法进行审查。

平级管理：Valve Corporation

场景

想象一下，在一个随心所欲、鼓励创新的环境中与超级聪明、超级优秀的同事合作：没有老板，没有中层管理，没有官僚主义；只有积极主动的同事聚在一起做出很酷的东西。听起来是不是很有趣？嗯，应该是这样，而这正是视频游戏开发商Valve Corporation对公司及其员工的描述。他们为什么这样做呢？正如网站上所说的那样，“如果你给聪明智慧的员工创造自由而不担心失败，会发生惊人的事情”。

戏剧

我可以用一个词来解释Valve是如何实现公司目标的：平级管理。这是在员工手册中定义和描述的方式：

欢迎来到平级管理模式：没有人告诉你该怎么做

等级制度非常适合保持可预测性和可重复性。它简化了规划，并且可以轻松地自上而下控制大量人员，这正是军事组织如此依赖它的原因。但是，如果你是一家娱乐公司，过去十年来一直在招揽地球上最聪明、最具创新性、最有才华的员工，告诉他们坐在办公桌前做他们被告知的事情，那将会消磨掉员工 99% 的价值。我们想要创新者，这意味着要创造令他们茁壮成长的环境。这就是 Valve 实行平级管理的原因。简单来说，Valve 没有任何管理，也没有人向任何其他人“报告”。Valve 确实有一位创始人 / 总裁，但即使他也不是你的经理。这家公司为你提供开创未来远离风险的机会。你有权许可项目。你有权运送产品。平级结构消除了每个组织障碍。

该公司全力贯彻无组织障碍的理念，办公桌上有轮子，提醒员工可以 / 应该自己移动以获得更多价值。正如手册所说：“没有任何组织结构可以阻止你对大多数人提供帮助或得到大多数人的帮助。”

实行完全扁平的结构，配置带轮子的办公桌可能有点激进，但非常有效，多年来助力业务创新，帮助公司取得成功。

实　　践

- 请思考，多层次组织工作的设计如何阻碍员工发挥最佳潜能。是否所有层都是必要的，或者有些层是否只是个麻烦。
- 考虑一下你可以在工作中设计什么样的“轮子”。你可以做些什么来使工作更灵活、更敏捷，使你的员工在工作中创造更多的价值？

通过工作设计创造自主性和责任感：Drift 公司

场景

HubSpot 前首席产品官、Drift 现任首席执行官大卫 • 康塞尔（David Cancel）曾重建他在 HubSpot 公司的产品团队，他希望看看“我们构建团队时是否能够不再停留在口号和准则上，而是真的将客户置于其他一切之上”。

康塞尔指出：“世界上每家公司都会告诉你，客户至上。他们信奉这个原则，也会在墙上张贴关于它的海报：‘为客户解决问题’。但除非团队结构上真的能确保该原则的履行，否则这些都没有任何意义。我在形式、流程和文化方面做出了一些决定，旨在保护团队免受误导，并确保保持客户的核心地位。”

在他离开 HubSpot 去创立为销售团队编程的新公司 Drift 时，他使用这种新的模型和方法使其团队从大约 50 人发展到了大约 200 人。该方法非常成功，为员工敬业度、员工留职率、客户幸福感和团队绩效建立了内部记录，康塞尔在其著作 *Hypergrowth* 中分享了该方法。

戏剧

新模型涉及传统模型和方法的两个根本性变化。第一个变化是缩小团队规模。正如康塞尔所说：“我们在 HubSpot 作出的影响最大的决定之一是限制产品开发团队的规模以及他们所从事的工作范围。小型团队意味着分散精力的事情少，能够专心致志地关注客户的问题。

团队由三名成员组成。为什么是三人呢？康塞尔说：“我试验出来的。这是一个起点。我们可以借此精减人员。”这家公司测试了各种规模的团队，但最终还是回到了一支三人组成的团队上，作为技术团队这最易管理。他们有充裕的时间来完成自己的工作，并且团队中的每个人都可以坐在一起。结果，大多数团队都取消了传统的会议和日常的站立会议，因为他们每天在一起工作，可以随时交流。

第二个变化是**增加**了团队拥有的所有权、自由度和自主性。这意味着让团队自主决定他们需要做什么，何时完成，等等。康塞尔说："它允许最了解问题的人想出解决方案，并与实际客户测试这些解决方案。毕竟，他们与客户相处的时间比公司其他任何人都多——比执行团队的时间多，比 CEO 的时间多。他们可以从适当的维度来解决这个问题，并衡量他们是否解决了问题。"

这些变化不仅提高了团队和整个公司的整体效率，而且提高了团队成员的工作满意度和敬业度。

实　　践

- 找到在工作设计中建立自主性和责任感的方法，这可带来对公司和员工而言双赢的局面。

8

第八章

学　　习

本章目标

主要内容

- 讨论何为学习型文化。
- 说明学习要求和工具发生了怎样的变化，以及组织机构适应这种情况的重要性。

要点

- 技术带来大量免费的学习内容，从根本上改变了学习方式。
- 学习是个人投资——其应该完全由个人掌控，个人自由选择自己的学习时间、学习节奏和学习期限。
- 为促进学习，公司首先需要创造用来激励和推动学习的学习型文化。
- 工作设计和文化是关键——不赋予自由和责任，就不会促进学习。

引　言

你可以雇用最优秀的员工，设计最优秀的工作岗位，培养最敬业的劳动力，但是如果你没有正确地开展学习，你的组织注定业绩不佳。我们都清楚这一点，不是吗？我们在谈及为员工提供培训或学习机会时，没有人会真的不同意——我们都强烈赞成这是件好事。但是，培训是首当其冲被削减的事情，在预算中也排在最后，因为我们总是认为明年培训也可以。

“麦当劳的员工接受岗位培训，但从事更复杂工作的员工却没有接受岗位培训。这不合理。你想成为麦当劳里没接受过培训的团队的一员吗？如果工程师没有接受过培训，不了解其他代码的作用，你会想使用他们编写的软件吗？很多公司认为他们的员工非常聪明，不需要培训。这种想法太愚蠢了。”

——本·霍洛维茨（Ben Horowitz），Andreessen Horowitz 公司的合作伙伴，著有《创业维艰：如何完成比难更难的事》（*The Hard Thing About Hard Things*）

在 Reward Gateway，我们从来没有在你所说的正式培训上投入过大量资金——公司的预算非常有限，2015 年之前，我们甚至只有一名员工负责培训。但尽管如此，我们还是创造了学习型文化。2012 年 1 月到 2017 年 2 月期间，Glassdoor 网站上有 108 条关于 Reward Gateway 公司的匿名评论，经分析，其中有 62 条评论提到**“专业发展”**要比**“员工福利”**重要，有 32 条评论提到了**“专业发展”**，有 31 条评论提到了**“领导力”**。

我们如何以极其有限的资源或努力培养学习型文化呢？答案是技术和文化。技术，特别是互联网，极大地颠覆了学习方式。25 年前，我开始了自己的职业生涯，我们是通过昂贵的住宿课程获得学习的——我们这样做只是为了学习新的软件包或技术技能。

现在我们有了 YouTube、TED 演讲、会议报告和主旨演讲，这些资源录制数小时后便可上传网络供人们学习；电子书、纸质书、书籍摘要、博客——大量的信息、指导和培训触手可得。我们已经意识到，在帮助员工专业发展上，我们的学习与发展（L&D）团队要减少内容生产，而加强内容管理——帮助我们的员工从海量内容中挑选出最好、最相关的学习资源。我们可以通过搜索引擎，查阅世界范围内的参考资料库，这对我们学习能力的影响是难以置信的。

“如果某人遇到难题，但没有试图自己找到答案时，或者如果他们没有充分考虑问题以形成一个好的思路，他们就是在委托他人代替他们思考。在你委托他人时，要么你把别人看成你的助手，要么你很懒惰，这两种情况都会产生社会成本。”

——山姆·邓恩（Sam Dunn），Robin 创始人兼 CEO

学习型文化

学习型文化是你能给组织的最棒的礼物之一，因为它能激励在职人员的发展，提高他们的生产力。学习型文化的三个重要组成部分包括如下内容。

- 自由和自主——对工作设计留出空间，可以让员工迈出舒适区，去学习和尝试新的方法。
- 雄心壮志——学习的关键在于希望继续做得更好，并寻找下一个踏脚石；如果不学习，就会产生惰性，习惯蜷缩在安全区域，这就意味着没有成长，也没有发展。
- 接受失败——如果我们害怕出错，我们就无法成长和发展。婴儿经过多次跌倒学会走路，如果你的文化不接受失败，工作人员就不会发展。

总体而言，我认为在 Reward Gateway，我们帮助员工成长和发展所做的最伟大的事情是赋予员工很多责任，然后满怀信心期待结果。我们善于庆祝胜利，但总是把胜利作为实现下一个更高目标的平台。我们从最初就在文化中融入了我们现在称为成长心态的理念。

我们鼓励员工学习；善于学习的员工获得认可；把失败看成机遇；定期分享 TED 演讲的链接、各种主题的博客或与其他公司进行交流，以了解最佳实践。员工总是抱着建设性的挑战心态，互相帮助，分享我们所发现的信息，同时期望总是有新的东西可以学习或尝试。这种试验心态也延伸到了技术领域——我们尝试新工具或技术的门槛很低，我们总是在尝试新事物。大多数员工正是从反反复复的失败中不断学习并探索工作方式。

学习型文化是王道

如果组织机构未培养学习型文化，那么其学习计划就不会发挥作用。员工重视并参与学习型文化——学习型文化会培养、鼓励并支持持续不断的学习。

权 力 转 移

我经常看到组织说服、强迫或威胁员工学习。“你必须参加这个班，也必须参加这次考试”，如此循环往复。这并没有什么效果，因为最终只有你的员工自己才能决定他们是否会学习。他们必须“展示”“想要”学习的态度。

公司需要接受这一点，并作出重大的权力转移，从公司掌控学习转变为员工自主学习；从推动式转变为拉动式。

2017年，我们重新启动了内部的Reward Gateway大学。在计划阶段，我们从课程和工作角色的传统矩阵开始，为不同类型的工作角色划分出哪些课程是必修的，哪些是选修的。然后，我们意识到这是错误的——学习是一种非常私人的活动，需要个人投入时间和精力。除了所有员工都必修的安全和隐私课程外，我们不应该强迫任何人学习。如果我们的文化信任员工并把员工当作负责任的成年人，我们应该提供员工要求的所有培训和课程，然后让员工自己决定哪些对他们有用，这取决于他们处于什么阶段，他们在工作中面临的问题和难题，以及他们自己的抱负或兴趣。

公司无法掌控学习，只有员工个人可以掌控

员工必须自己掌控其学习和发展——没有人比他们自己更在乎其发展。组织机构可以帮助提供资源，但是员工自己必须掌控自己的学习进程。

拆除“泳道”

过去，把工作设计为泳道样式——整洁有序；你做你的工作，我做我的工作。但是，基于经营方式和工作方式的变化，如前章所述，泳道隔板已经被扩大或拆除，我们的员工可以以更灵活的方式交流工作，就像在一个大的游泳池里游泳。在团队努力和云技术的助力下，流程不再那么严格，员工共享得更多，公司要求所有级别的员工促进业务发展，实现更佳业绩。

1959年，管理大师彼得·德鲁克（Peter Drucker）在其著作《明日里程碑》（*The Landmarks of Tomorrow*）中提出了“知识工作者”一词，当时企业的工作性质正从体力工作转向需要由教育和经验来创造与分享知识的工作。世界在不断进步，创新能力的不同已经成为企业之间的关键区别，我们掌握的知识已经足够应付这种状况了吗？或者，我们应该培养雅各布•摩根（Jacob Morgan）在《未来工作》一书中所称的“学习型工作者”吗？其是指员工不仅具有完成工作所需的知识，而且具有随时随地学习的心态和态度，能够适应新情况，解决新问题，并能将所学习到的知识运用到工作中。

我们的学习计划必须适应这种新型工作者和新型游泳者的需要。这样他们走过道时，就可以有机会学习。学习有助于培养他们在写作、问题解决和创新方面的态度和技能。

实　践

学习是敬业度桥梁的关键部分。我很少看到优秀的员工在学习和不断发展的时候离开组织。这是不会发生的。当员工在自己的角色中遇到适当的挑战并且为之学习时，他们不会同时接受其他机会；他们专注于他们正在做的事情，专注于他们正在学习的东西。学习停滞后，员工才有与公司离心的可能。

成功的结果

最好的公司清楚学习对他们的组织有积极的影响，力求实现以下结果。

更高的生产力与创新性。各种学习项目可以帮助各级员工培养正确的技能、行为和心态，从而带来更高的业绩和创新。

更低的离职率。员工留在公司，因为他们觉得公司关心他们的发展，在支持他们的项目上投入时间和金钱。70% 接受调查的员工表示，学习机会直接影响他们是否决定留在公司。

学习型文化。学习是组织及其文化的一个可见部分，各个层次的员工都能拥抱并拥有它。员工负责他们的学习和职业发展，经理们合作支持和管理他们的学习成果。

关键的颠覆传统的行为

1. 了解其全体员工

颠覆传统者很了解他们的全体员工，了解他们学习的时间、方式和需要学习的内容。他们知道如何创建一个易于使用和查阅的优质学习计划，无论员工在哪里、喜欢怎样学习。他们也清楚员工多样化的学习风格，所以进行精心的学习设计以满足员工的个性化需求。

2. 认清学习是一种商业动力

颠覆传统者明白学习不仅仅是传递一种动人和有趣的体验，更重要的是，可以培养具有帮助企业成功所需才智、技能和行为的员工。

3. 创造“魔法”

颠覆传统者明白需要俘获员工的心，这样他们就能决定开始或继续其学习之旅。除了相关的内容外，他们在学习项目中创造自己的“魔法”来实现目标。他们知道这对他们来说是独一无二的，而不是可以随便丢弃的。

4. 利用人才

颠覆传统者知道他们在组织内拥有各种人才，并且利用他们为其全体员工提供有深度和广度的学习产品和经验。不管是创建学习还是交付学习，全体员工一起努力，跟上变化和学习需求的步伐。

5. 保持更新

颠覆传统者知道需要不断更新和刷新他们的学习产品，并敢于摒弃原有计划。他们不断要求员工反馈，并审核最新的学习产品，以确保他们可以满足企业和全体员工的需求。

从头开始

制定战略。你需要回归基本，问自己“为什么”。 你为什么提供学习计划，你的员工和你自己希望学习计划给企业带来什么变化？这将帮助你设定方向，确保你所做的一切与你的需求一致。

评估当前产品。根据你的策略，回过头来评估你目前的产品，问问自己：我的计划会对它们不利吗？它们能满足我多样化的劳动力需求和多样化的学习方式吗？它们会使我的公司更上一层楼，还是让我们停滞不前？

制定学习旅程。创建公司学习旅程的可视图，显示员工在组织机构内学习和进步时所获得的东西。使用这个方法有两个目的：一是找出差距，二是与你的员工进行沟通，让他们参与组织的项目和发展。

基于爱因斯坦理论的学习：Stonegate Pub 公司

场景

总部位于英国的 Stonegate Pub 公司面临着创建学习计划和职业道路的挑战，以支持和推动一个新合并的业务，该业务在全球 700 个地区拥有 13 500 名员工，这绝非易事。然而，该公司相信可以从内部提拔人才，能够创建一支能交付一流客户服务的员工队伍，这对他们的成功至关重要。

他们最终认为实现这一目标的最佳方式是创建一个有吸引力的、独特的计划——基于阿尔伯特·爱因斯坦和他的持续学习理论的计划。学习和发展部负责人李·伍利（Lee Woolley）表示：“我们从事人事工作，我们知道我们的员工在与客户互动和提供优质服务方面非常出色。我们想通过 Albert 实现的是，采用有趣的方法来开展学习并取得进步。我们不是一个无聊的公司，所以我们不想要一个无聊的计划。”

自项目启动的四年来，他们又从参加管理课程的人那里额外赚取了410万美元的利润，内部晋升幅度增加到75%，人员流动率降低了50%。

戏剧

Stonegate的明星获奖项目是Albert——以鼎鼎大名的理论物理学家的名字命名。它在员工的整个学习旅程中都能帮助员工。在网上学习门户网站——以爱因斯坦的一位妻子的名字命名为Elsa——Albert讲述内容，举办比赛，通过社交媒体进行互动，甚至还拥有自己的卡通化身。这种基于Albert的主题化妙用和品牌形象创建促使员工不断参与进来。

学习之旅从“Albert定律”开始，这是一个由员工在第一天开始上班后24小时内完成的在线课程，并持续学习六周。这些课程被储存在短的电子学习模块中，赋予员工控制学习过程的权限。学习之旅安排了各种学习计划，为团队领导、总经理以及普通员工提供在线和课堂学习课程，旨在最大限度发挥参与者的潜能，使其成为他们能做的最好的领导者。Stonegate（和Albert）已经真正创建了一个持续的学习方法来支持公司的员工和他们的业务。正如现实生活中的阿尔伯特·爱因斯坦所说，“生活就像自行车，要保持平衡，你就必须不断前进”，这正是Stonegate公司在其令人兴奋和创新的学习计划中所做的。

实　　践

- 给学习计划增添一些乐趣——你将有更好的机会让你的员工不断参与进来。
- 利用主题和品牌效应创建员工容易认可和参与的计划。

为现场工作人员交付按需学习：Zeel

场景

Zeel 是一家拥有 10 000 多名按摩治疗师的公司，在美国各地提供按需按摩服务，当该公司向其网络中的员工提供学习计划时，遇到了许多有趣的挑战。

首先，必须把信息传达给全体员工，他们是按需提供按摩服务的独立工人。其次，更大的挑战是，大多数员工不仅与 Zeel 合作，而且还为其他组织工作。比如，有人白天在诊疗室做按摩治疗师，然后晚上为 Zeel 工作。从学习的角度来看，这意味着要找出使用即时学习（如需要时学习）和移动工具来与员工有效沟通的方法。由于可以在 70 多个城市，一年 365 天，从早上 8 点至晚上 10：30 期间预约 Zeel 治疗师，所以任何解决方案都必须具备移动性、便捷性和灵活性的特点。

戏剧

Zeel 的解决方案是直接在 Zeel 按摩治疗师应用程序中设置提醒，所有员工都使用它进行预约。Zeel 的创始人兼 CEO 萨默尔 • 哈马德（Samer Hamadeh）说，这样可以帮助治疗师以“他们自己的方式，在他们自己的时间内”进行 Zeel 式按摩。在应用程序中设置了检查表和提醒，治疗师可以在简单和固定的入口进入程序。这套学习工具还包括简短的教育视频，然后是小测验，以进一步让员工参与到 Zeel 客户期望的协议和行为中，并对其进行教育。

“学习对我们来说是一个持续的过程，因为我们的业务和客户服务期望是不断变化的。”哈马德说。他举了一个例子，他们收到了一位顾客反馈说，治疗师走路时鞋底有泥。为了防止类似的情况发生，该公司迅速做出反应，几个小时内便在应用程序中添加了提醒治疗师要检查此类问题的通知。对于 Zeel 来说，其客户的反馈——无论是赞誉，还是改进建议——都在帮助治疗师评估他们的表现方面很有价值。

这些随需应变的学习工具帮助 Zeel 按需提供按摩服务的工作人员更加自如地应对日常实践和业务中的挑战。

实　　践

- 制作较短附有或不附测验的培训视频，为你的员工提供持续的、不断发展和有趣的学习工具。
- 要交付专门为现场工作的员工设计的学习工具，不要忽视他们的独特需求和挑战。

制订发展计划，帮助年轻员工：肯德基澳大利亚公司

场景

肯德基澳大利亚公司首席人力官罗伯·菲普斯（Rob Phipps）为该快餐组织 34 000 名团队成员制订了传统个人发展计划（IDP）。对于一些组织来说这很好，然而，该公司致力于改变澳大利亚社区生活，每 700 名澳大利亚人中就有 1 人在他们职业生涯的某个阶段在该公司工作，因此，他们觉得需要做更多的事情——帮助他们年轻的劳动力（平均年龄为 17 岁），了解并规划他们的人生目标，践行肯德基人承诺的“做最好的自己”“有所作为”和“开心生活”的理念。

肯德基与澳大利亚职业工业理事会合作，创建了一个名为“我的计划”的新的在线项目，帮助团队成员制订个人职业和发展计划，并帮助员工寻

找肯德基内外的职业机会。菲普斯指出："我们不想取代学校职业顾问的职位，因为我们的经理们没有受过这样的培训。我们想启迪员工，然后在团队成员回家后，和他们的父母或职业顾问具体讨论。"

戏剧

"我的计划"包括两大模块，一个模块面向管理人员，另一个模块面向团队成员。面向管理人员的模块帮助他们熟悉流程感到得心应手，提供指导和监督技巧以及关于要采取的步骤和行动的实用信息。长达20分钟的团队成员模块询问他们的理想是什么，想做什么工作，以及他们想要实现什么目标。这提供了一个自我反思、自我评估和设定人生目标的框架。对内，可将其用于与管理者进行讨论，对外，可将其用于与职业顾问和家长的讨论。

这项计划只实施了一年，但4 000名团队成员全部参与了进来。菲普斯说，公司已经看到了积极的成果，甚至是个人的成功故事。比如，一名团队成员曾考虑从事营养方面的职业，通过该计划，他找到了方向，在肯德基食品创新工作团队接受了培训和支持，最终实现了这一目标。

"我的计划"是公司回馈员工的一个好例子。正如菲普斯所说，"公司制订这个计划，帮助团队成员确定方向并实现其目标，从而填补了一个空白。不管是团队成员想成为一名教师或护士，为度假或新车存钱，还是决定减肥，'我的计划'都会帮助他们完成。"

实　践

- 不要害怕，创造性地思考，为你的员工提供学习的机会，采取额外的步骤来真正支持他们。

以学习学院推动业绩：MVF 公司

场景

经营销售加速技术的 MVF 公司意识到，在招聘新员工时也同样需要“加速”。公司如何通过招聘过程加快学习速度，使员工尽可能快地提高生产力呢？

答案就在于学习型学院，公司总裁兼创始人提多·夏普（Titus Sharpe）在与全球增长最快的软件公司 Qlik tech 的前 CEO 的谈话中听说了这个创意。后者给他看了一张图表，说明他们学院在销售方面带来的巨大差异，因此他开始为 MVF 建立自己的学院版本。

结果同样非常明显，参加学院的员工的销售额增加了 2.6 倍。此外，它还加强了学院与会的员工之间的合作，提高了员工的留职率。

戏剧

MVF 的销售学院的建立基于一个简单的概念：如何使我们最好的销售人员变得更好？利用团队开发的最佳实践，一个包括六个步骤的过程成为销售学院的成功基础。这个项目持续三个月，第一周着重于了解公司，剩下的几周则深入了解六个步骤中的每一个细节。

学习包括 60% 的学院课程，其他 40% 涉及实际工作，在学习和行动之间建立适度的平衡。也正是为了保持平衡，参加者必须通过笔试、做报告，并参与实际的销售活动。“我们为期三个月的销售学院学习对 MVF 的增长轨迹产生了深远的影响。其影响是如此之大，我们正从市场营销和搜索引擎优化开始，将学习型学院的概念推广到整个行业。”夏普说。

实　践

- 寻找方法让你的上岗培训课程提高新入职人员的学习效率和生产效率。
- 不要把你开发的学习过程局限在一个部门或团队。如果它有作用，就把它拓展到企业的其他部门。

寓乐于学：GAME 公司

场景

多年来，游戏产业发生了巨大的变化，游戏装备变得更广泛，游戏数量变得更多元。这对消费者来说是件好事，但对于像游戏零售商 GAME 这样的公司来说，这就得不断培训一线员工，因为要确保他们掌握最新和最棒的游戏信息。

几年前，商店经理负责与员工分享这些信息。然而，由于变化节奏太快，这会花费大量的时间。培训经理克雷格·米尔斯（Craig Mills）当时任商店经理，他建议公司开发一个电子学习系统，可以在该系统内共享这些关键信息并且无须经理管理便能保持良好运行。

最终公司开发了 GAME 的创新电子学习系统，该系统与公司的商业和文化相一致，同时使用在游戏雇员销售中特有的伟大技术和激励工具。根据米尔斯的说法，“我们想创造一个员工想去登录的地方，把它作为在 GAME 工作的特殊奖励”。该系统发挥作用了吗？在发布系统当天，直到凌晨 3 点都有员工登录该系统，以便抢占排行榜榜首，并且目前每个月大约有 14 000 次登录，员工每周大约进入系统一次。很显然，该系统确实发挥作用了。

戏剧

GAME 的电子学习系统具有获奖的计算机游戏的所有特征，设计的学习模块是让员工参与进来，而且是不断参与进来。就像游戏一样，其设计模式是交互式的，所以在模块结束时，没有常规测试，员工要想测试知识和保持经验，可以以各种方式参与到内容中去。它还利用了游戏的竞争性质，员工通过完成模块而获得积分，帮助他们“升级”到下一级别的培训，最终在领导委员会中赢得一席之地。这可以激励员工不仅仅是完成培训，而且在培训中要表现得足够好，以获得最高分数——这对公司和员工是双赢。

该系统也有一个重要的社交维度：创建学习社区。员工实时共享知识，发布消息和视频，加入聊天，并在不同的社区标记同事。

该系统为员工创造了积极的、有吸引力的学习体验，能够帮助员工快速适应其使用，就像推出新游戏的速度一样快。根据米尔斯的说法，“我们正在不断地改变并更新我们的系统，不断创新手头工作，让员工保持新鲜的体验”。

业绩统计显示，GAME 公司的员工敬业度名列前茅，68% 的员工每周至少两次访问平台，82% 的员工认为学习区可以帮助他们完成日常工作。它也对客户服务产生了积极的影响，顾客的称赞比过去多了 19%。GAME 在创造独特事物方面确实获得了很高的分数，这得益于他们的商业运作方式以及令员工喜欢学习的方式。

实　　践

- 请思考你的公司、你的文化和员工的独特性，并设计你的学习计划，以直接满足他们的需求。

高感度学习方法：雅诗兰黛公司

场景

雅诗兰黛公司有一个秘密方法，提供卓越的服务和教育，创造与客户之间强力的情感纽带，这就是所谓的“高感度”方法。“高感度”就是将你的方法个性化，并且竭尽全力确保客户拥有满意且难忘的体验。为此，澳大利亚人力资源团队着手创建一个行政领导力培训计划，使用这种方法指导他们培养并吸引公司所有品牌的领导者。

结果该计划大获成功，其以独特和创造性的方式提供学习——鼓舞并影响他们当前和未来的领导者。根据澳大利亚、新西兰和南非人力资源副总裁玛格达·拉特甘（Magda Lategan）的说法，“该计划非常成功，在所有品牌团队中创造更有意义的互动和协作，同时帮助领导者开始从不同维度看待问题”。

戏剧

雅诗兰黛公司为期一周的社区领导力计划汇集了来自澳大利亚和新西兰的50位高潜能领导者。该计划与麦觉理管理研究所合作，旨在培养拉特甘所谓的“完整的人”，培养其思想，锻炼其身体，丰富其精神。此外，公司对外发言人就各种主题举办研讨会，以提高参与者的能力。过去的演讲者包括沃顿商学院的战略决策技能专家凯西·皮尔森（Kathy Pearson）博士，社会研究员马克·麦克兰登（Mark McCrindle）以及人类行为表现学院的比尔·麦艾尔派恩（Bill McAlpine）。

每天的日程安排都是很全面的，所有参与者都会在黎明时开始锻炼，接下来是全天研讨会，然后是指导性冥想课程，最后是晚间团建活动。参与者通过选择营养食物、规律作息和即兴舞蹈课程来学习如何全天保持充沛的精力，然后他们可以将在此期间学到的知识来管理全体员工的敬业度。为了增加整体学习体验，将与会者分到各个学习行动小组，他们每天聚在一起研究个人发展目标，并讨论他们如何将理论付诸实践。

这种“高感度”的学习方法和整体体验的创造表明，与客户一样，组织也能够在员工中培养受过良好教育并且高度敬业的人才，他们忠于自己的品牌，热爱领导他们的团队。

实　　践

- 寻找各种方法，在不同的学习时刻，“影响”参与学习计划的员工。这有助于制造影响，激发敬业度，实现有意义且持久的学习。

9

第九章

认　　可

本章目标

主要内容

- 概述目前员工认可工作中存在的问题。
- 关注如何从现有认可支出中提高获得的价值。
- 思考如何设计真正能产生影响的认可计划。

要点

- 在用于员工认可的花费中，87%用于终身职位认可——所有这些都浪费了。
- 大多数公司由于结构、工作流程和批准程序复杂而破坏了项目，人们也只会说谢谢。
- 要保持有效，认可必须是连续的、及时的、公平的、相关的和个人的。
- 最重要的是思维，金钱和奖品都是次要的。
- 经理和员工需要培训和指导，以便能够经常地、无所畏惧地说“谢谢”。

引　　言

我第一次获得认可是在20世纪90年代初，那时我21岁，在英国电话公司英国电信（BT）工作，那是我毕业后第一份工作。我惊讶于工程团队花费大量时间来编写计划和报告，因此我利用晚上和周末的时间来编写自动化的文档系统，使大家工作更容易一些。我编写了四个月，几周内，就有45人开始使用。一个月后，我老板的老板竟然告诉我他提名我参加一个创新奖，这极其少见。我受宠若惊——毕竟，我只是做自己喜欢做的事情，甚至不知道有创新奖。然而他发现了我所做的工作，并因此对我表示感谢，这种感觉非常棒。

我离开那个部门一年多以后，收到了一封来自一个我不认识的人的普通信函，里面附了一张礼品卡。我当时已经完全忘记了这个奖项，那封他们花了一年时间才交给我的公文信函，给我留下了十分负面的感觉。

总而言之，这比我的老板只对我说一声谢谢给我的感觉还要糟糕。由此可见，不及时传达的认可会适得其反，产生与预期完全相反的效果。

重在心意

我们自己的研究发现，72%的员工认为，简简单单地说声“谢谢”会让他们感觉更受鼓舞，帮助提升团队士气。如果你对员工多加鼓励，2/3的员工会提高生产率。欲了解详情，请登录rg.co/recognitionstats

事实上，单纯的认可不起作用

仅在美国，各公司每年就花费460亿美元用于认可员工，约占总薪酬的 2%，但研究显示，有一半的员工甚至不知道存在认可计划。我们的研究显示，80% 的受访高层领导者认为员工每月都会得到认可，但只有 17% 的员工认为他们所在组织的文化强烈支持认可。

我们正在做的事情真的是错误的。我们从这笔 460 亿美元的巨大投资中得到什么了呢？本章重点介绍如何通过转变方向来创建对员工和业务真正有影响的认可计划，从而使你的认可工作价有所值。

抛弃任职时间因素

基于任期的认可，通常被称为长期服务奖，是书中最古老的骗局。不管我们讨论的是金表、雕刻笔还是电子产品，都已经过时了！

长期任职并不是一个坏结果。问题是，把你所有的认可奖金都花在长期服务奖励上，是导致认可计划无效的一种非常糟糕的方法。

贝新联合公司（Bersin&Associates）发现，高达 87% 的奖励支出用于任期奖。但是你曾经在一家以服务年限作为公司价值的公司工作过吗？我们新的工作世界的残酷事实是，我们最有前途的员工在他们的工作岗位上工作的时间不会超过两年，所以把所有的钱纳入任期奖预算，他们中的大多数人永远得不到，这有什么意义呢？

我们应该投资于那些践行我们的价值观，并且体现出能建立优秀团队、优秀产品和忠诚客户的行为的员工。然而我们没有这样做。我们对员工的奖励“一视同仁”，不管他们的表现和承担的责任如何，仅仅根据他们入职的时间。我们在长期服务奖项上的投入似乎是毫无道理地浪费金钱。

因为这是可以预见的，长期服务奖励往往最终会变成一种特权：“我在这里工作了 15 年，这是我应得的。”虽然会受到抵制，但仍然要鼓足勇气取消这些特权，最好把用于长期服务奖励的金钱和时间转移到绩效、行为和价值观奖励上。开展调查会有所帮助：询问你的员工，他们是否认为公司存在真正的认可文化，或者你还需要做什么，他们几乎肯定会说你需要改变。这样你就有理由向员工解释你之所以做出大刀阔斧的改革的原因了。

几年前，我们放弃了 Reward Gateway 的任期奖励，转而根据我们的价值观，实施了一个持续不断的认可计划。我们仍然祝贺任期制，在社交墙上发送电子贺卡，允许同事们大声喊出他们对某人最温馨的记忆，公开分享他们对公司的贡献。领导团队中某个人的留言、手写便条或来电祝贺使这个重大的周年纪念日变得更有意义。

这绝对绝对绝对不是钱的问题

如果我们犯的最大错误是任期奖励，那么第二大错误就是认为这一切都关乎金钱。我想在这里说清楚：**这绝对绝对绝对不是钱的问题!**

我看到组织机构花费数年时间讨论将多少预算用于认可奖励，以及将采用何种程序进行解雇和批准，以确保资金流向合适的员工。这完全是浪费时间。人力资源通常使用术语 R&R 代表奖励和认可。但是，如果我们把重点放在正确的地方，我们真的应该好好谈论一番**认可和奖励**。

花费在长期服务奖励计划上的每一分钱都是浪费

你在任期奖励上花费的每一分或每一元都是对价值观和行为奖励计划资金的损害——事实证明，这些计划一般只可提高 14% 的生产率和客户服务。

任期奖不会简单地导致这样一种文化：员工认为只以他们所完成的工作及对公司所做的贡献予以奖励。任期奖不能鼓舞员工表现出助推企业成功的行为，也不会让员工感觉被赏识。

现在就取消任期奖，把资金转移到基于价值观和行为的奖励计划上。

现金奖励、奖品或礼物对于表彰计划来说是件好事；可以增加一些乐趣，在某些情况下，也是激励性的。但是，在我遇到的几乎每个场景中，员工最看重的是奖励传达的信息。许多组织奖励员工却传达了错误的信息，并且很少有组织提供关于如何在奖励中传达正确的信息或者如何毫无畏惧地自由奖励的任何培训或指导。

“我所有的重要文件都在家中箱子里存放了几十年。其中有两封手写感谢信。其中一位是来自尼克·德里斯科姆（Nick Driscombe）先生，我的前任主席，他感谢我努力付出的一年。另一位是来自我之前在 Salesforce 的老板马克·贝尼奥夫（Marc Benioff）。我会永远保留这些感谢信。”

——锡安·刘易斯（Sion Lewis），IRIS 软件公司首席执行官会计

奖励中传达的信息才是关键。许多奖励计划在提名或事物机制上花费了 90% 的精力，而且错误地解释了奖励实际上是为了什么，或者它们从根本上限制了达到预算的感谢的数量。许多人说谢谢的过程非常艰巨，以至于很少有人抽出时间去做。

你可以用一份**体贴的**礼物来传达一个更有意义的信息，但是记住我们小时候父母告诉我们的：重要的是心意，而不是价格。如果你想让感谢变得别出心裁，选择一些能让收件人看到你真心实意的礼物，而不仅仅把他们看作雇员。一段经历来表明你确实了解，或者花时间去发现关于他们的一些事情。

“当你给某人传授人生经历时，你就是在将他们看成一个人，为他们的生活增加价值和意义。这要比你花钱送他们礼物有价值得多。

——Jack Huang，TRULY Experiences 创始人兼首席执行官

认可与可见性相辅相成

通常把认可当作企业对员工的感谢，这种认识是片面的，因为认可的一个关键部分是可见性。“其他人了解我吗？”“别人看得到我的作品吗？”“其他人看到我在这里做什么了吗？”这些问题的答案都是人们内心想知道的。当员工或部门抱怨他们被忽视或没有被认可时，它通常是指日常工作中可以被认可的小事被忽略了。

回顾一下你的基本管理和沟通过程是创建一种基于认可的可成就文化的关键步骤。事实上，认可和跨部门的交流是很重要的。导致员工不敬业的一个元素是错误的人得到认可；它造成一种不公平的感觉（参见“薪酬与福利”一章中的“猴子和黄瓜”）。重要的是，获得认可代表着部门竭尽努力完成并且推动实现目标。

“我经常想，我花了半个星期的时间让员工彼此更了解。我并不是和糟糕的人一起工作，而是和优秀的人一起工作。只是根据我的经验，我们很擅长将自己的世界看的具有挑战性和复杂性，但另一方面，总是把别人的世界想得太简单。”

——雪莱·帕克（Shelley Packer），Jiminny 首席运营官

我们注意到，在我们的业务中，销售获得佳绩是最值得庆祝的；一旦交易结束，整个公司就会收到一封电子邮件，销售人员就会得到他/她同事的认可。同样的情况也发生在成功赢得客户时，比如，客户购买附加服务或延长长期合同时。

但是营销部门的成功呢？产品和工程团队呢？公司发现他们的成绩了吗？当销售人员赢得新客户时，还有谁参与策划中标呢？他们凸显整个团队的努力了吗？电子邮件是否发给你所有的经理，反映了全部的才智和努力了？

一些企业的一个问题是，相同的20%的员工得到认可，而其余的员工则渴望得到关注。因为商业上的成功往往与许多小胜利息息相关，所以请嘉奖你安安静静的推动者、你默默无闻的英雄，给予他们应有的认可是很重要的。在公司里分享日常的成就可以建立社会资本。助推员工彼此友善以增加同理心。员工可以看到并理解他人的工作及其带来的价值，这有助于跨部门的工作、协作和决策。

不要把认可纳入奖励预算

认可是无法量化的，应该坚持随时随地表达"感谢"。奖励涉及预算紧缩问题。因此，你应该把90%的精力放在认可上，然后把10%的精力放在奖励上——现金或者其他物资奖励。R&R应该代表认可与奖励，而不应该是奖励与认可。

实　　践

颠覆传统者孜孜以求的主要结果

改善部门间业绩。当销售达到目标时，是只有销售团队有功劳，还是销售、服务和产品团队都做了大量工作？

不同团队中员工之间的同级认可有助于公司内部建立衔接，从而提高业绩并降低风险。国家交通安全委员会发现，73%的突发事故发生在团队合作的第一天，44%的突发事故发生在第一次飞行中。在一起合作多年的团队比其他团队表现更好。

延长员工任期。颠覆传统者确实努力为那些实践其价值观并表现出正确行为的员工延长服务年限，但他们知道，延长员工任期不是靠奖励任期长的员工，而是创造一个有吸引力的工作场所，让员工们感觉他们每天的工作被看到、被听到、被认可、被重视。这种文化让员工愿意和你长期在一起。

关键的颠覆传统的行为

建立认可计划的传统方法包括预算、委员会、提名和程序。而认可颠覆传统者的做法确实与众不同。

1. 及时、连续的认可

颠覆传统者建立一种持续认可的文化，同事、经理、CEO 和整个领导团队之间每天都会互相说谢谢。他们认为只有年度或季度活动说谢谢是不够的，及时赞扬更有效。

2. 建立信任

颠覆传统者认为他们不需要委员会、复杂的系统和规则手册来管理认可程序。由于认可预算平均不到总薪资预算的 2%，他们认为教育优先，流程居次，沟通优先，遵从居次，由此建立基于信任的自律认可文化。

3. 与价值观深度融合

颠覆传统者创建多层次的认可程序，包括员工层面的认可计划、管理层面的认可计划，以及全公司层面的认可计划，将认可计划与价值观和行为密切地联系在一起。

4. 鼓励横向认可

在许多公司，最需要投资的关系是不同部门同事之间的横向关系。颠覆传统者开发能够横向认可的计划，促进团队之间的信任、共鸣和社会资本的发展。这种同级认可比只有经理的认可更有可能对财务业绩产生积极影响，这一比率为 35%。

5. 认可个人化

当投资于礼物和奖励时，颠覆传统者会根据员工的倾向购买对其有意义的礼物，或者使用技术让员工分享他们为之储蓄的或者想要收到的东西。

从头开始

从透明度开始。找时间思考一下组织中的不同工作岗位和部门。公司岗位中有多少员工的业绩是显然应该受到认可的：它们如何改变，或者应该如何改变？大多数认可的首要问题是缺乏透明度。你必须解决这个问题，找到让每个员工都被注意到的方法，包括默默无闻的英雄。

交流与培养。与上司和领导人就认可问题展开坦诚的对话。把话题从资金上引开——创建新的认可预算不是优先事项。大多数公司能做的最重要的事情就是摆脱说谢谢的恐惧，并帮助经理发现每天在认可上优先安排一些时间的重要性。很多经理一开始都非常害怕经常说谢谢，或者害怕感谢错误的员工。要创造一种认可文化，就必须克服这一点。

实施对等的非货币奖励。我一直强调，没有一劳永逸的方法，但是基于你的价值观实施非货币的对等奖励，你将会获得广泛的快速胜利。如果可以的话，使用社交墙或共享墙的技术，你的认可文化会立刻得到提升。技术成本将是最小的（我们认识一个颠覆传统者采用的方法是把明信片粘在布告栏上）。

摒弃传统认可奖励：Venables Bell & Partners

场景

Venables Bell & Partners 是总部位于美国旧金山的一家营销公司。在该公司，员工不仅仅是其形象和灵魂，他们是“作品的匠人”，创始人兼首席执行官保罗·维纳布尔斯（Paul Venables）如此说。为了确保公司的“作品”（员工）受到激励，从而为顾客开发最好的产品，该公司需要建立认可计划，真正地拥抱其匠人的创造力，并遵守公司诚实、无畏和独立的三大价值观。

戏剧

其最终制订了各种各样与传统完全不同的认可计划或奖励，把创造力提高到一个全新的水平。维纳布尔斯说："我们认为，涉及奖励时，最好表现的奇特、有趣，不要太具有共性。"

第一个例子是他们的长期服务计划，他们称为"靴子奖"，这是在公司服务五年后颁发的。员工可以得到两样东西：一双真人大小的玻璃靴和1 000美元。这个奖项与传统的长期服务奖项不同的地方在于，这笔钱不是给个人的，而是给公司里的其他人用的。不管是在当地酒吧买单，带队员出去做一些一对一辅导，还是凑钱请一群人出去吃饭，都是将钱给别人使用。"这是为了让老员工分享他们的知识，传承文化并在全公司建立联系。"它创造了"异花授粉"的效果，与单纯的、渴望学习的年轻人分享成功所需的一切，维纳布尔斯说。

另一个例子是在一年一度的假日聚会上颁发的奖项，也是以一种有趣和奇特的方式来表彰员工的贡献。

- **金马桶：** 维纳布尔斯说，给那些"优雅、有品位地处理大便"的员工；获奖者得到一个全尺寸的金马桶。
- **工资加倍：** 如果员工接触过的每样东西变得更好，则给他们当月工资翻一倍。
- **年度最佳踢屁股奖：** 踢完屁股的员工获得一张奖金支票。
- **配偶 / 伴侣 / 其他重要的人：** 尽管会使费用加倍，但该公司在关键活动中总是邀请其他重要的人，因此该奖项不是给予员工，而是给予其他重要的人，以获得他们的支持。他们获得周末双人温泉度假，配有全套服务。

最后一个例子是**无畏项目**奖，直接体现了公司的第二个价值观"勇敢无畏”。员工为无所畏惧的项目提出建议，全体员工选择谁获胜，获胜者得到 15 000 美元出去做他们的项目，并负责分享结果和经验。

这些计划对公司工作人员的动力和敬业度产生了重要影响。三年来，员工流失率下降了 75%，远低于行业平均水平。超过 1/4 的员工已经受雇 5 年或更长时间，该公司在这期间的收入以两位数增长。“我们的文化就是一切。”维纳布尔斯说，“我相信，如果我们能培养正确的文化，就会吸引并留住合适的人，他们也会做正确的工作。”

实 践

- 考虑用其他方法奖励长期服务，特别是那些让获奖者和公司其他人参与的方法。
- 在认可员工的奖励中勇敢选择有创意的方法——一点独创性就可以提高员工的敬业度。

认可线下员工：悉尼国际会议中心（ICC）

场景

悉尼国际会议中心（ICC）是澳大利亚的一个展览和会议中心，致力于为参观者带来非凡体验。同样的道理也适用于员工，员工价值主张（EVP）说：“我们一起创造非凡。”

公司关心员工，关注“非凡”，因此决定设立认可计划，以感谢员工的奉献精神，并奖励他们的付出。挑战在于：公司只有 20% 的人坐在电脑前面，其余的人都在场馆里工作，这该如何奖励呢？如何创造对每个人都平等的奖励？

戏剧

悉尼国际会议中心的解决方案是，设立三个认可计划，以多种方式帮助他们实现目标。

- **支票簿**

  员工领导得到“非凡银行”的实物支票簿，作为对日常成就的即时认可。在得到领导批准的情况下，领导和同事可以向行为符合公司价值观的员工发放支票。这些支票面额分别为5美元、10美元和20美元，可以兑换礼品或存入银行以换取更大的礼品。这里有很多有趣的选择，有葡萄酒，有电影票，还有保洁服务。

- **非凡奖**

  “非凡奖”是悉尼国际会议中心的年度表彰计划，获奖者由同事提名和选择。分为九个类别：三个基于悉尼国家会议中心的价值观，三个基于其员工价值主张，三个基于业务。由代表公司所有级别的员工组成小组选出优胜者，他们根据特定的选择标准进行投票。获奖者将得到水晶雕刻奖品，其照片会被贴在特殊的墙上，以在颁奖典礼后，仍然能给员工和其他人留下纪念。

- **金票奖**

  金票奖只能由CEO颁发，而且是在特殊情况下员工有出类拔萃的表现时颁发。最近的一个获奖例子是，一名办公室职员从收音机里听到展览会上发生了火灾，然后跑下去扑灭了，非常出色地阻止了情况的恶化。该员工获得的奖励是多休一天假或者和伴侣在五星级酒店住一晚。

这些奖项都是为凸显、认可和奖励那些真正出色的员工的。“只有通过我们团队的非凡努力，我们才能够举办超凡的活动。奖励和认可是我们成功的基石，也是把我们的人力资源计划结合在一起的关键因素。”马修•潘恩（Mathew Paine）说。

实　　践

- 即使是线下员工也能获得认可，所以克服可能遇到的任何挑战，在公司建立认可。
- 认可应该来自高层，所以确保你的CEO是你认可计划和文化的关键部分。

让你满意的认可计划：好时公司

场景

登录好时公司的网站，你会发现上面写着“我们一直致力于给世界带来美好，让每一个人在每个瞬间保持微笑”。2013年，该公司的敬业度调查显示，员工感觉自己被认可的程度有所下降，看来公司需要更好地履行其使命。团队能做些什么才能让员工恢复微笑呢？

解决方案是设计一个新的全球认可计划，其被称为好时“微笑”。自从该计划实施以来，其表现超过了预期，三年内员工敬业度分数提高了23%（14个基点）。这个计划是公司和文化的一部分，正如全面薪酬总监塞萨尔·维拉（Cesar Villa）所说，“每七分钟就有一名员工获得认可”。这带来很多微笑！

戏剧

在实行“微笑”计划之前，好时公司在26个国家有不同的认可计划，所以其18 000名员工有不同的认可体验。“微笑”计划现在以五种语言在全球范围内交付给所有员工，并且基于公司的全球行为，既提供了一致性（一个计划和一个平台），又提供了灵活性（可供选择的六个认可级别）。

六种认可级别的范围从简单的感谢到250美元（或当地等价物）的财物奖励。“我们开始有四个等级，但发现我们需要额外的等级，以奖励特殊情况。”维拉说。为了确保选择奖励级别的方式一致，认可平台询问五个问题，将请求奖励的人引导到正确的级别，并提供额外的提示和培训。

为了配合“微笑”计划，还有其他两个计划支持全新的认可文化。第一种计划是季度的社会认可，被称为“优秀员工”——该计划是奖励在特定时期得到认可的员工。第二个计划是颁发“米尔顿·赫尔希卓越奖”，这是每年一度的庆祝活动，用以表彰在企业各个领域取得的显著成就。这些计划共同提高了员工的敬业度，而且通过不断认可员工，给员工不断带来微笑，履行了公司的使命。

实　践

- 创建一个有意义、便于记忆并且可以在全球使用的名称，以作为认可计划的名称。
- 不要低估了感谢以及其他简单、低成本的认可奖励的力量。它们完全可以与那些更昂贵的认可一样有效。

在认可计划中增加感谢：科尔曼集团

场景

当公司社会责任总监乔安妮·沙利文（Joanne Sullivan）从服务部门调到拆迁部门时，她看到了一些可以着手改善的地方。她曾看到对热情好客的顾客和雇员的认可的影响，她想把这种影响带给科尔曼，以克服与分散在 10 个移动工地上、拆除大而复杂的建筑物的劳动者打交道的挑战。她开发了一个具有创新性和成本效益的认可计划，在一年内将员工敬业度从 60% 提高到 82%。这在任何公司都是一个巨大的成就，对科尔曼更是如此，因为她必须争取到不习惯于被认可的劳动者的人心。

戏剧

当沙利文第一次将她的认可计划带到公司时，他们“只是盯着我看，说没有人会喜欢的”。无论如何，她决定试一试，然后创造了“怪诞星期三”，即给每个工地发送一个装有老式游戏和糖果的盒子。沙利文说，开始只想碰碰运气，但在她要求反馈时，产生了下一个活动的想法，所以他们举行了一个“有奖问答周”，在公司的内网上每天发布有关商业和公司价值观的问题，给出最佳答案的团队会赢得奖励。

这些较小的活动发展成为“感谢周”，现在每年举行两次。沙利文说，这是该公司“真诚地道谢”的方式，每天都在内网上发起一项新活动。最近的活动包括“周一大餐”（每个工地都为员工购买早餐）“星期二休息”（每小时挑选一名员工的名字，送其生日假）“星期三奖励”（员工通过公司的折扣门户获得现金奖励）“星期四感谢日”（高级领导者创建并发布一段视频，感谢员工的努力和贡献）和“星期五自由活动时间”（所有员工都可以提前两个小时回家）。

沙利文说：“我们事先计划得很好，这样就不会影响日常工作，并且提前一个月通知经理，来计划他们的工作量。”这是非常重要的，因为他们 70% 的员工都在异地为客户工作，而企业希望所有员工都享受相同的福利。“我们必须要有创造力。”同时员工也会帮助人力资源团队想出新点子，以保持生机勃勃又高效的一周。与此同时，还有同级电子贺卡和经理即时奖励，管理人员不需要批准就可以向员工发放小额现金奖励。这些计划共同创造了一种文化，员工一年 365 天都会得到赏识。

实　　践

- 寻找机会在你的认可计划中增加简单、有趣和低成本的活动。
- 如果你在争取领导团队认同上有困难，看看你能否做一些小而简单的事情来建立信任和支持，然后再做大一些的事情。

认可文化：SnackNation

场景

办公室小吃配送服务公司 SnackNation 自公司成立以来每星期五下午 4 点举行一次“高呼感谢”的活动。整个团队会围成一个圈，一个接一个地在房间里走来走去，然后说出一件他们感激的事情，然后奖励获得感谢的员工——以这种方式践行公司的核心价值观。据公关总监杰夫•墨菲（Jeff Murphy）说，它已经成为公司文化的一个标志性部分，实现了“让默默无闻的成就和日常胜利闪耀光芒”的愿望。

但是后来发生了一件事：公司发展壮大了，有 100 多人，绕着圈子转需要太长时间了。是放弃传统，还是找到一种保持传统的方法？幸运的是，公司选择了后者，升级了“高呼感谢”活动来达到同样的效果，同时仍然满足不断增长的业务的需要。该公司在 2017 年被《企业家》杂志评为“最佳企业文化”，被《洛杉矶商业杂志》评为“洛杉矶最佳工作场所之一”。

戏剧

公司首先尝试使用技术驱动的方法来适应不断成长的团队，员工们把他们想感激的人发布到数字门户网站上。电子邮件会直接自动发送给此人，一封又一封的感激邮件供整个公司随时查看。

尽管如此，“高呼感谢”活动的电子版遗漏了一些重要内容：人与人之间的互动。SnackNation 联合创始人兼 CEO 肖恩·凯利（Sean Kelly）说：“对我们来说，向某人表达感谢就相当于给他们送礼物。亲自送礼物给别人比虚拟送礼物实际上更有意义。”

最终，“高呼感谢”活动又回到了最初的形式，但这次是在自愿的基础上进行的，时间限制为 30 分钟。虽然每个人都出席，但只有那些自愿表达感激的员工说出他们要感谢的事情。活动最后，一位公司领导就每周的特定主题发表演讲，帮助团队看到已经取得的成就的深层意义，以及应该庆祝的成就。这是一个很好的方法，既可以使员工参与进来，又可以在如此大的集团内使计划具有可行性。

凯利解释说：“可以说，‘高呼感谢’活动比以往任何时候都重要。它增强了团队凝聚力，让每个人都笑容满面地度过周末，这种做法还有助于打破随着组织的发展而形成的孤岛。还帮助每个人对业务有更全面的理解，并激发新的合作途径。”

实　　践

- 随着公司的成长，找到继续实施你的认可文化的新方法，利用技术帮助你实现这一目标。
- 永远不要低估面对面认可的影响，这可以激励和创造团队之间的合作。

建立你的认可金字塔：Homeserve

场景

Homeserve 是一家家庭紧急维修企业，该公司制订的认可计划多年来运作良好，但随着企业发展壮大，“公司有些迷茫，员工没有得到认可，缺乏一致性”，公司奖励和福利主管 Liz Crutchley 如是说。因此，公司决定制定一种新的认可策略，新策略的目标非常简单，就是“毫不费力”，这与 Homeserve 的客户至上的服务理念是一致的。

新策略非常成功，帮助 Homeserve 在过去三年里将员工敬业度从 56% 提高到了 82%，并获得认可，在 Glassdoor 的最佳工作场所榜单中跃居第三位（之前从未上榜）。此外，Homeserve 还荣登了彭博社的英国最佳雇主榜单。

戏剧

新认可策略“特别感谢和认可”（STAR 奖励）是使用金字塔方法开发的，创建了四个认可级别，根据公司的员工行为来吸引并认可员工。

第一级是随时发送电子贺卡，任何级别的员工都可以发送电子贺卡来传递简单的感谢信息。

第二级是“出类拔萃奖”（具体分为铜奖、银奖、金奖和钻石奖），其财务价值不断增加，从具体展示一个人的行为到展示业绩，以帮助企业实现其战略目标。任何人都可以被提名，由高级经理批准，然后通过公司的在线员工折扣平台向员工发放奖金。

第三级是所有获得金奖和钻石奖的员工都被提名为季度奖，通过折扣平台公开展示他们的贡献和附加的经济奖励。

第四级是从季度奖获得者中选出最好的员工提名年度奖，邀请他们参加一个令人难忘的颁奖活动，由高管团队表彰和认可他们的重大贡献并庆祝他们取得的成就。

贯穿这四个级别的主题符合 Homeserve 的初衷，即“毫不费力”。每个计划都很容易理解和实践，并且一定能奏效，因为仅在一年内，该公司的 3 000 名员工就发送了 22 000 多张电子卡和 5 000 多份 STAR 奖。

实 践

- 在制定你的认可策略时，考虑创建不同的级别 / 计划来为公司建立一个认可金字塔。
- 谨记受众，让认可变得简单和轻松。越是简单和轻松，你的员工就越愿意参与你的计划。

让员工觉得自己是大明星：维珍集团

场景

五十多年来，无论是在银行、旅游、娱乐，还是健康和健身或通讯业务领域，维珍品牌一直被公认为提供“独特和卓越的客户体验”。所有这一切都是通过公司的品牌价值观“惊喜若狂、动人心弦、直截了当”来实现的。

如何将此转换为整个集团的认可计划和活动？维珍将如何创造一种年度认可传统，使团队众志成城，庆祝并表彰来自世界各地的优秀员工，打造出维珍带给客户般的兴奋和热闹呢？

如何解决呢？答案就是“维珍年度之星”，这是维珍每年的主要亮点之一。随着越来越多的企业加入维珍家族，奖赏也从与创始人理查德·布兰森爵士（Sir Richard Branson）及其家人共进一次简单的晚宴，发展到一个可以让奥斯卡明星垂涎其奖金的盛宴。

戏剧

年内认可由集团下的企业自行决定，年度认可则是维珍集团层面的年度之星活动。为了保持品牌常青，从全球 71 300 名员工中挑选出约 50 名员工，并将其带到伦敦，体验人事战略商业伙伴萨曼莎·斯马特（Samantha Smart）所称的“一生一次的神奇经历”。

不管是活动本身，还是员工被认可的方式，都十分奇妙。每次活动都有一个主题，最近的一个主题是“威利·旺卡和爱丽丝仙境奇遇记”。团队用茶杯供应鸡尾酒，布置一个金色的大门，理查德·布兰森爵士打扮成威利·旺卡，迎接参会者，让人如临仙境。除了把获奖者带到伦敦（许多人是第一次到伦敦），还送给获奖者装满了不同品牌的礼物的礼包。获奖者还和布兰森合影留念，最终，还有以他们名字命名的奖品。

这些奖励不仅让员工感到备受重视和认可，还让他们有一次终生难忘的经历，同时也提高了员工留职率，提高了其敬业度和员工净推荐分数（eNPS）。这样的结果也是理所当然的，毕竟像这样的晚宴肯定会让人觉得自己像一个大明星！

实　践

- 用你自己的方式赋予你的认可计划以神奇体验。无论是每天、每季度还是每年的认可计划，尽可能让其妙不可言。
- 记住，认可无关乎金钱。像这样的体验将比现金奖励更有价值，更令人难忘和向往。

10

第十章

薪 酬 福 利

本章目标

主要内容

- 讨论薪酬和激励措施，重点关注公平和透明度。
- 探究一个简单的模型，该模型解释了福利可以为你增加价值的四个原因。
- 重点强调福利的复杂性如何阻碍沟通和领会。

要点

- 许多薪酬问题都与公平性有关。“猴子和黄瓜”实验揭示了几乎所有你需要了解的道理。
- 薪酬越来越没有私密性，这意味着不公平性比以往被揭开的可能性越来越大，也越来越快。
- 现金是最昂贵的支付方式。有效的福利应该可以放大雇主的资金效应。
- 创造性地利用福利是构建出众员工价值主张（EVP）的关键所在。

引　言

激发员工敬业度不能只靠薪酬福利，而是需要敬业度桥梁模型内几大元素共同起作用。这并不意味着薪酬福利不重要，薪酬往往是导致员工离心的关键因素，特别是薪酬发放不公的时候；福利可以产生积极的影响，因为它们是高度可见并切实可感知的。薪酬福利是建立更具吸引力的文化的快速而简单的第一步；有点像给员工抛出橄榄枝，对他们说："嘿，我们在这里，我们重视你，我们想开始一段更好的关系。"如果你遵循了敬业度桥梁的其他元素，那么薪酬福利就是你文化的一个有形的、公开可见的路标。

薪　酬

我们可以用整本书来阐述薪酬策略和实践，但我更喜欢把重点放在薪酬对员工敬业度的直接影响上。有趣的是，薪酬的多少和敬业度之间没有关联：**无论你在职业阶梯上的哪个位置，你都可以兢兢业业或者玩忽职守**。

薪酬会无情地导致员工离心、丧失斗志

坦率地说，**薪酬从来都不是敬业度的一大积极推动因素。**如果是的话，事情会更加简单，但是你用钱买不到人心——大部分人无法用钱收买。你永远无法通过支付更高薪酬提升敬业度。如果得到加薪，员工可能有那么一瞬间颇受激励并感觉良好，然而工资薪资考核信上的墨迹未干，那些感觉已经消散。但是，薪酬问题处理不好，却可以以你意料不到的方式破坏敬业度。

如果我们回想一下第一章中对敬业雇员的界定，那么很显然，给某个

员工更多的薪酬对他们接受使命，理解他们的工作角色是如何为达成使命做出贡献，并推进公司取得胜利和成功没有积极或持久的影响。薪酬本身不会带来敬业度；它从来没有，也永远不会。

猴子与黄瓜

你可以从“猴子和黄瓜”实验中了解，员工在薪酬方面的心理动态和行为模式。

> **只有部分员工是可以用金钱刺激的**
>
> 如果我们认为我们所有的员工都可以用金钱去刺激，都自私地追求最多数量的金钱，那我们就大错特错了。事实上，只有部分员工有金钱至上的观念。更多的员工是因为受到了不公平待遇，强烈要求公平对待。

“猴子和黄瓜”实验表明卷尾猴和人类一样厌恶不平等。在一段 4 分钟的视频中，两只猴子被训练成用鹅卵石换一根黄瓜。两只猴子都很开心，后来其中一只猴子得到了一颗葡萄——一种更甜、价值更高的物品。几秒钟前还对黄瓜非常满意的另一只猴子立即做出戏剧性的反应，把黄瓜扔回研究人员身边，摇晃着笼子的侧面，对这种不公平的行为表示愤怒。

To see the video go to rg.co/monkey

我亲眼见过这种情况发生很多次。公司某个员工兢兢业业——热爱他们的工作，对薪酬、福利和其他一切完全满意——然后第二天，忽然与公司疏离，不仅觉得自己被欺骗，而且认为公司不重视他们或不认可他们的贡献。这两天发生了什么事？通常是另一家公司的招聘人员来挖墙脚，对他说："嘿，他们付给你的薪水不公平。你确实值得现在薪酬的两倍。"通常被提及的工作完全不可比较，但它仍然让员工产生了强烈的不公平感，扰乱其心态。

有数据显示这之间的关系。Kronos 和 Future Workplace 对 614 名美国人力资源专业人员进行了一项关于员工职业倦怠的调查，结果发现"薪酬不公平"是造成压力的主要因素，比"不合理的工作量"和"过多的加班"高出了 25%。

激励机制和与绩效相关的薪酬可能让情况变得更糟

离职的最大因素是激励机制和与业绩相关的薪酬。我们从"猴子和黄瓜"实验中可以看出，如果一个员工得到的更多，必然有越来越多的员工要求奖励。问题在于，这会导致管理层"听到噪音"，并认为他们的员工如果受到激励，将更加努力工作，但这实际上是一个公平和平等的问题。让我们看一个典型的销售团队的例子。

大多数销售团队在薪酬支付上都会安排大量的奖金或佣金，尽管有一些很好的证据表明实际上只有一些销售人员符合我们设想的佣金驱动式。

这个方法效果一直很好，直到服务团队中负责客户续约的人觉得这不公平，因为**他们**没有得到佣金。我们为他们开发了一个佣金程序，来解决这个问题，这个程序效果也很好，直到产品经理认为这是不公平的，因为他们什么也得不到，即使他们创造了产品。

于是，我们给产品经理一些产品销售的绩效指标和一部分佣金，来解决这个问题。这非常有效，直到……这种恶性循环仍在继续，越来越多的激励计划被建立，每一个都增加了不平等而不是解决了不平等。

应对激励机制

设计糟糕的激励机制会将顺畅的业务流程变成一个个分离的孤岛。这只会导致人心涣散，而不是奖励员工付出的努力。

具有讽刺意味的是，90% 的参与者实际上并不受金钱所驱使：他们不需要外在的奖励。他们目的明确，要求纠正这种不公平现象——当旁边有人得到葡萄时，自己却得到黄瓜，这是不公平的。更可悲的是，有重要证据表明，引入外在奖励实际上破坏了现有的内在驱动力。

薪酬透明度无处逃遁。无论我们是否喜欢，工资的透明度正逐渐增加，这增加了发现不公平（甚至公平）待遇的机会。像 Glassdoor、Salary.com 和 Payscale 这样的网站都实行开放式薪资标杆管理，员工可以直接公开查阅，且无须订阅。这些信息大多是脱离环境或缺乏足够的细节，但我们的员工看到并相信了那些信息，这可能导致真正的问题出现。

随着薪酬变得更加透明，不公平性被证明是一个关键的离心因素，很明显，如果你想和你的员工建立一个弹性桥梁，你必须开始优先考虑公平。

我们唯一的现实选择是开始一种更加开放的薪酬文化：讨论标杆管理——坦诚说出对员工的评价。

大部分员工实际上希望薪酬透明

Glassdoor 的全球工资透明度调查发现，70% 的员工认为薪酬透明可提升员工满意度，大约同样数量的员工认为，薪酬透明可提升绩效，但只有 36% 的员工表示其公司公开薪酬水平。

一些公司已想出办法来应对公平性的挑战——大胆开创薪酬透明度的一种方法，成为真正的颠覆传统者。他们把薪酬的相关内容公开给大家看，无论是个人薪酬、薪酬范围还是所使用的薪酬公式，揭开了薪酬的神秘面纱。比如，美国的杂货店全食超市，它把包括首席执行官在内的所有员工的薪酬都公之于众，这是其团队第一协作文化的一部分。另一个例子是Buffer，在第3章中已有所介绍。

福利会让你的公司和员工同时受益

我经常会遇到这样的人，他们会自豪地告诉我，他们不相信福利，他们只给员工发放薪水。我总是这样回答："那你一定很富有，因为你在浪费大量金钱，你在用最昂贵的方式支付员工——现金。"我通常都会兴趣盎然地解释，为何一个具有成本效益的、全面的员工价值主张（EVP）（就整个主张而言）应该总是提供强有力的健康福利。

总的来说，好的福利是雇主资金的放大器。当我们为员工提供福利时，通常是因为我们相信这种福利的感知价值大于我们提供的成本。有时，这种扩大效果来自政府的税收优惠政策，更多的情况是来自雇主的大宗或联营购买能力。一些最有效的福利，如折扣计划，可以使员工净收入增加10%，而成本低于工薪总额的0.1%。

工资是支付员工最昂贵的方式

有效的福利放大雇主资金，因为其成本低于员工的感知价值。聪明的员工将钱从薪酬预算转入福利预算，从而在不明显增加总成本的情况下资助有巨大影响的计划。

不管你是在购买医疗保险还是其他保险，或者法律服务，比如写遗嘱，或是理财建议，作为雇主，你支付的费用都比员工自己购买要少。如果不是，那么坦率地说，你应该给员工额外的薪水，让他们自己有购买的选择权。但在下表第 2、3、4 种情况下，应该由你来提供福利。

类　别	提供福利的理由
1. 经济	**帮助员工省钱，扩大雇主开支** 例如：医疗保健、保险、产品折扣、健身房、儿童保育费用
2. 文化	**陈述你的公司文化或驱动你希望的行为** 例如：福利津贴或获得补贴的体育馆会员，以支持或创造一种鼓励/支持健康的文化
3. 时间	**帮助员工节省时间** 例如：现场干洗、食品或其他礼宾服务以最大化工作时间
4. 法规	**这是法律/立法要求的福利** 例如：退休计划、带薪假期

有时候，一种福利可能适合不止一个类别，这很好。在 Reward Gateway 伦敦办公室，我们的员工自助餐厅提供有补贴的健康午餐。这节省了员工外出的时间，是一种积极的福利行为，并放大了雇主的资金效应，因为经营小餐馆的成本比员工每天外出就餐的成本低。要谨慎地提供上述表格内容均不符合的福利。

摒弃福利复杂性

只有员工了解、理解和重视的福利才是有价值的福利。

绝大多数公司在推出新福利方面做得比在介绍福利并使员工享用福利方面更好。然后，他们想知道为什么只有 5% 的员工实际享用这些服务，或者为什么福利不被重视。

如果组织要与员工，尤其是千禧一代员工进行沟通，就必须完全改变他们进行福利沟通的方法。人力资源部必须牢记，员工很难理解福利计划的复杂性、使用的概念和术语，尤其是退休和保险等福利计划。

各公司在给员工阐述福利时感觉很费力，当然这并不是因为缺乏对员工的关爱或者不重视员工福利。问题在于，如果一些福利太复杂，给员工解释起来就会相当麻烦。扪心自问，福利真的有必要如此复杂吗？实际上，福利简单化是使福利沟通有效的一个关键步骤。

太复杂，难以解释?

在考虑引入一种新福利或新增一个层级或选择方案时，请思考应如何向员工呈现，你是否可以清楚地进行解释。请自问，额外的复杂性是否有必要，你是否需要进行简化，以充分传达信息。

颠覆传统者正在把福利沟通变成员工真正想得到的东西，而不是想回避的东西。他们利用市场部、外部机构和社交媒体来推销福利，如同公司销售产品一样：关注简单而吸引人的关键信息。

实　　践

颠覆传统者孜孜以求的关键结果

正确地讲解报酬和福利非常重要，因为它是敬业度桥梁的关键支撑元素。

薪酬福利与文化保持一致。任何薪酬福利决策的起点都必须是与文化和公司价值观相一致的明确而有说服力的战略。这会创造核心焦点与一致性，因此所有计划相辅相成，共同构成整个员工价值主张（EVP）。

薪酬福利适合更广泛的一揽子计划。请记住，薪酬福利只是你整个敬业度一揽子计划的一部分，因此，必须与敬业度桥梁的其他元素共同作用才能有效。想想它们是如何整合、联系在一起共同发挥作用的。

加强信任。和敬业度桥梁的其他元素一起，薪酬福利对于建立和维护与员工的信任有很大帮助。你公平地对待员工，体贴和同情他们，就表明你重视你的员工。

关键的颠覆传统的行为

具有优秀文化的颠覆传统者在以下方面与普通公司表现不同。

1. 优先考虑薪酬公平

颠覆传统者通过薪酬预算来解决薪酬的不一致性问题，确保薪酬公平合理，直面薪酬公平问题。他们想方设法采取更加开放和透明的薪酬方式，无论是从分享薪酬理念、薪酬范围开始，还是从完全透明的分享薪酬方式开始。请记住，不管公司政策如何，员工总是在讨论和分享薪酬有关的信息，所以要准备好积极应对。

2. 用公司范围的计划取代激励性薪酬

颠覆传统者用更好的管理、指导与发展来取代团队和特定角色的激励。他们设计的工作是让员工各司其职，并且可以在薪酬计划之外看到结果。他们强烈地依赖利润分享和全员计划，以此作为创造所有权并将员工转变为利益相关者的一种方式，这与企业的财务成功密切相关。

3. 将福利作为文化差异因素

颠覆传统者在核心福利上与同行竞争，但之后要走得更远，就得寻找创造性的机会来展现他们的个性，并证明他们与众不同。他们不害怕自己创造福利，不受第三方可购买的商品的限制。他们通过敬业度桥梁的其他部分来构建这个独特的供应，常常将福利与使命、价值观和认可联系起来。

4. 利用福利实现价值最大化

颠覆传统者明白，从金钱价值、知名度以及文化表现来看，好的福利胜过现金。他们把薪酬福利看成一项单一的预算，为其划拨资金，并且认为，如果选择好的福利并实施得当的话，会放大雇用员工的资金效应。

5. 发展福利弹性文化

颠覆传统者通过打造允许迭代、回顾和改变的文化而脱颖而出。人事部门的老套想法是，一旦推出福利，就很难收回。颠覆传统者借助技术手段超越了诸如“我们今年的福利”之类的品牌福利，让员工参与反馈和审查，公开分享摄取的统计数据，经常做出改变，同时解释哪些福利被替换、被替成了什么福利及其原因。

从头开始

获取员工投入和反馈。让员工提供投入和反馈，向员工宣布你正在审查福利。告诉他们你的目标是明确的：你想了解他们重视哪些福利，这样你就可以创建一个更有意义和相关的福利一揽子计划。这里得强调一下，这样做不是为了省钱而是为了让员工参与进来。

尝试一些焦点小组、调查或技术，让部分员工提出建议，让其他员工投票和评论。在评审开始时设置你将做出改变，以及一些福利将被取代的期望，并开始构建改变是良好且正常的期望。

寻找低成本或无成本福利。福利方案虽然因公司规模和情况不同而有所差异，但新福利都要能创造价值并且成本不高。例如，小额婚礼或婴儿奖金、免费员工彩票、周五早些时候下班、生日全天或半天假、志愿者假期、购物或餐馆折扣计划。详情请参见 rg.co/benefitsideas。

建立平衡性和选择方案。我们现在的工作场所包含五代人，所以如果你的福利不均衡，就不会吸引每一代人。你的年轻员工不会因为退休计划而激动，他们更感兴趣的是省钱买新衣服或到市里闲逛。通过创造均衡的福利，你将为每一代人带来价值。

真正满足员工需求的福利：Goodman Masson

场景

Goodman Masson 的首席执行官盖伊·海沃德（Guy Hayward）为自己及其财务招聘业务制定了一个崇高的战略目标：不仅要善待员工，还要“比英国其他任何企业都要好”。他们认识到实现这一目标的一个关键影响因素是福利政策，于是着手制订了一揽子计划，为 140 名员工（主要是千禧一代员工）服务。其结果是，其福利一揽子计划屡获殊荣——获得了“最佳招聘公司”和“最佳工作场所”荣誉，并增加了利润、敬业度和留职率。

戏剧

Goodman Masson 的一揽子计划被称为“福利精品”，它包含着丰富而独特的服务。海沃德说，制订福利计划的初衷是“反思和思考我们员工在现代生活中面临的挑战，思考每一项福利将如何适应他们的生活方式，并帮助提高他们的生活水平”。

抵押贷款基金就是一个例子，它允许员工为第一笔财产存款。员工在三年内存入部分工资 / 奖金，最后公司会额外增加 50% 的薪水和 33% 的奖金。大约有 25% 的员工加入了该基金，其中三人甚至利用该基金的存款购买了他们的第一套房产。董事总经理安德鲁·迈克尔（Andrew Michael）说：“作为雇主，我们对 Goodman Masson 有着不同的感情。”即使雇员未投入基金，也清楚他们是为一个如此宽容和慷慨的组织工作的，也会产生不同的感觉。

其他的例子是贷款项目，包括学生贷款、住房改善贷款、新父母贷款，甚至异国情调的假期贷款。总而言之，公司支付预付成本，员工通过工资扣除来偿还，时间跨度为 12 到 18 个月。这受到员工的高度重视，因为这意味着他们可以做他们可能负担不起的事情，或者不用支付高利息贷款达到省钱目的。

这个一揽子计划的发展过程是一个渐进的过程，多年来，基于不断反问“我们还能做什么？”不断为该计划注入新元素。迈克尔说：“首要的目标是想方设法缓解我们员工的经济紧张情绪和压力，支持他们在工作场所内外过上更富有成效、更富有成果的生活。”

实　践

- 寻找机会，引入专门针对员工需求的福利。
- 认识到你的员工面临的经济压力。有没有办法通过计划或教育来支持他们？
- 考虑贷款福利。这些很有趣：虽然贷款占用少量的公司现金流，需要一些管理，但其他方面没有成本。只要你恰当管理离开者，就可以使用公司的备用现金流来创造高价值、零成本的福利。

有时一辆冰淇淋车已足以：PhlexGlobal

场景

PhlexGlobal 是一家为临床研究部门提供电子文档管理系统和服务的全球供应商，员工所从事的工作对于成功创造新药物至关重要。但是，由于该公司处于一个受到高度监管的行业，许多员工的工作平淡乏味，重复性较强。PhlexGlobal 希望找到让员工感受到自己被重视的方法，以及让员工参与的新方法。

戏剧

PhlexGlobal 参与式方法是提供我称为的“惊喜福利”——那些不曾有员工期望，但公司一旦提供就非常受欢迎的福利。比如，在办公室里设一个当地的冰淇淋车，为员工提供免费冰淇淋。许多公司都提供免费的冰淇淋，无论是在自助餐厅里提供，还是在炎热的天气里购买冰淇淋分发给大家，但是该公司的特别之处在于它超越了员工的期待，它将廉价的冰淇淋变成了难忘的体验。冰淇淋车到达时，大家都高高兴兴地走出去。

再如，从“复活节兔子”里拿出菜单，洒满办公桌，或者为员工提供半天休假，以便进行一些急需的假日购物。正如 PhlexGlobal 前任董事总经理斯特拉·多诺霍（Stella Donoghue）所说：“你不需要花很多钱或做一些惊天动地的大事来吸引你的员工。在我们所做的事情中增添一点乐趣和惊喜，就取得了很好的成绩。关键不是你做什么，而是你怎么做。”

实　　践

- 为你的员工做一些简单、有趣和自然的事情。这真的会产生积极影响，员工会讨论并参与其中。

打造公平透明的薪酬模式：Basecamp

场景

Basecamp 生产的软件可助力公司将多个项目整合到一个项目管理工具中。这样可以让员工了解项目进展，并使事情变得清晰明了，因此公司中的每个人都知道该怎么做。

Basecamp 的薪酬模式和许多其他公司具有相同的目标，即为神秘的区域增加清晰度和真实性。联合创始人兼首席执行官杰森·弗里德（Jason Fried）表示："招聘和培训人员不仅昂贵，而且耗费精力。通过公平透明地支付薪酬和福利，让员工保持长期快乐，让其所有精力都专注于制造更好的产品。与稳定的工作人员合作，这是快乐和高效的源泉。令我感到困惑的是，许多公司并没有努力寻求这种竞争优势。"

戏剧

Basecamp 公平透明的薪酬模式包含很多层次，这使得它既独特又有效。从基本工资开始，不允许协商或加薪。在同一级别担任同一角色的每个人都获得相同的薪水。"同工同酬"，弗里德说。无论员工在美国的哪个地方工作，目标薪酬都设定在其芝加哥总部市场薪酬水平的前 5%。无论员工居住在加利福尼亚州、阿拉斯加州还是伊利诺伊州，他们的工资都相同。"这意味着每个人都可以自由选择他们想要居住的地方，而不会因为搬迁到生活费用低的区域而有所损失。我们鼓励远程办公，有许多员工，他们四处定居，但同时继续为 Basecamp 工作。"弗里德说。

Basecamp 奖金支付方法也十分独特，他们不支付奖金，而是将其纳入基本工资。"我们在很多年前支付奖金，但发现它们很快就被视为预期工资。"弗里德说。利润增长分享计划与员工共享年度总利润增长了 25%，他们认为这降低了员工的期望值。

最后，Basecamp 没有股票期权，但这只是因为他们从未打算出售该公司。然而，为再次体现公平透明，他们向员工发誓，如果他们出售公司，他们将把 5% 的收益分配给所有现有员工。

这种薪酬模式帮助 Basecamp 保持了一支敬业、稳定的员工队伍，员工平均任期为五年，在这个行业中，能留住员工两年的公司都算是幸运的了。Basecamp 的模式表明，敬业度的提升来自公平和尊重，而不是天价高薪或百万富翁股票期权。

实　践

- 了解你希望通过薪酬计划实现的目标，并确保薪酬计划可帮助你实现这一目标，而不是起相反作用。例如，复杂的地理薪酬结构是会产生公平性，还是会阻止你的员工搬到你可能需要他们工作的地方？

参与式薪酬制定方法：Semler

场景

巴西工业机械公司 Semler 的前首席执行官里卡多·塞姆勒（Ricardo Semler）以其非正统的经营方式而闻名于世。他在其 *Maverick* 一书中解释了，他把父亲传统经营的生意转变为参与式模式的历程。或者，正如他在书中所说的那样，“更加人性化，可信赖，富有成效，令人振奋，并且在任何意义上都富有成果”。

最能体现这种参与式方法的是工资设定方式，还有就是通过公司的利润分享方案分配利润，员工从中发挥积极作用。这些方法以及与方案和政策有关的许多其他方法在该书出版 25 年后仍然是激进的。他们成功了吗？基于塞姆勒的新方法，该公司成为巴西利润增长率最高的公司之一，尽管有大型跨国公司进入市场与其竞争，并且经历了残酷的经济衰退。

戏剧

在塞姆勒进入参与式管理之初的前几年，公司让员工参与各种决策，为薪酬方法设定方向和基础。其中就包括他们的利润分享计划：公司创建的这个利润分享计划，不仅让员工理解，而且可以掌控，让受益人做出决定。这包括与员工协商将分享多少利润，对他们进行财务培训，让其理解数字不会凭空出现。他们还与员工一起决定如何划分利润，让每个办事处都对利润划分方式进行投票。

接下来进入一种“自我设定”的薪酬方式，让近 25% 的员工自己设定工资。该流程首先是让员工填写评估表，帮助他们专注于自己的角色和价值。此外，在建议他们认为应该支付的工资之前，要求员工考虑四个标准：他们认为其他公司可以给他们多少工资，在 Semler 有类似责任和技能的其他员工的工资是多少，具有相似背景的朋友的工资是多少，以及他们需要多少钱维持生活。为了支持这一流程，该公司与员工分享工资和薪酬调查。

这些非传统方法——挑战我们传统经营方式的方法——帮助 Semler 在经济繁荣和经济衰退时期均取得了成功。该公司已经不再有员工因薪酬问题而投诉，并向其他公司展示了一种与众不同的、更具包容性的公司经营方式。

实　践

- 在做出薪酬决策时找到听取员工表达心声的方法——了解他们的观点和看法，可以改善决策，使其更容易被接受。
- 找到分享财务和薪酬相关信息的方法，以便员工更好地了解业务，以及薪酬决策的基础。

利用运动赛事奖励员工：麦当劳

场景

像许多公司一样，麦当劳正在寻找奖励卓越绩效员工的方法，以激励员工。作为国际足联世界杯（FIFA World Cup）的长期赞助商，他们决定利用体育赛事来达到目的，当时麦当劳员工人数超过 85 000 人，分布在 1 200 家餐厅。激励计划结合了对运动的热爱和对客户服务的热爱，并且结果显示，这两项“得分”都提高了。

戏剧

这项激励计划名为“通往里约之路”，以该年度世界杯举办城市命名，根据在此之前三个月内的客户满意度和服务排名提高的速度奖励前 5% 的餐厅。这些排名靠前的餐厅中每一家都收到了一个装满巧克力的篮子供员工分享，然后进入抽奖活动，餐厅经理可赢得 11 次世界杯之旅中的一次，还有现金奖励，用于员工社交活动。员工不是唯一的赢家：比赛由国家运营团队设计，以提高服务速度，同时仍然提供良好的客户体验。餐厅的平均服务时间比上一年提高了 6 秒以上，客户满意度得分也有所提高。

时任英国奖励经理尼尔·布莱克希尔（Neal Blackshire）表示：“满意度和速度的综合提升意味着我们每天为 24 000 名客户提供了出色的客户体验。这是显著的进步，有助于在餐厅创造一个真正的热闹景象。我们很高兴能够让我们的员工有机会分享世界杯的兴奋之情，并为我们的获奖者提供一次千载难逢的经历。我们知道，如果我们的员工兢兢业业，热情高涨，这将对我们客户的体验产生积极影响。”

如此有效的奖励计划值得推广！

实　践

- 利用现实生活中的事件为你的激励计划或竞赛创造一丝刺激和多样性，将其融入品牌和体验，让其发挥更大的影响力。

- 找到激励计划的方法，从而锁定并驱动对你的业务和客户产生影响的行为与行动。

为狗狗提供福利：酿酒狗（BrewDog）

场景

2016年7月，那时独立门店苏格兰啤酒厂和酒吧连锁店酿酒狗（BrewDog）刚刚推出了“独角兽基金”，这是一项全员员工利润分享计划。酿酒狗人事总监艾莉森·格林（Allison Green）表示：“该计划取得的其中一个结果是员工的行为更像是业主，这意味着新的想法不断涌现。“其中一个新想法来自一位绰号为“小章鱼”的员工，他在苏格兰经营酿酒狗的第一家酒吧。他的问题是，“对于一个如此迷恋小狗的公司，我们为什么不在员工新养小狗的时候支持他们？他们有新生儿假期，为什么新养小狗没有假期呢？”

然后酿酒狗真的引入了一个“狗狗父母假”的政策，为所有获得新狗狗的员工提供福利。为什么不呢？公司名称中包含“狗”这个词，公司由两个人和一只狗创立，他们在世界各地的分公司共养了50只狗。

格林说：“在酿酒狗，我们关注很多事情，但主要关注两个方面：我们的啤酒和我们的员工。但我们的确非常喜欢狗，所以我们认为可以将三者结合起来，让我们的员工带着他们的四条腿朋友到啤酒厂和我们的办公室工作。我们索性再任性一点，推出这个最新的超级棒的员工福利——‘狗狗父母产假’。”

戏剧

酿酒狗公司的“狗狗父母产假”福利为员工提供一周的带薪休假，最初是为家中有新生狗狗的员工提供该福利。然而，后来演变为如果家中有新加入的狗狗，或者收养流浪的救援犬的员工，也可以享受该福利——当然，就像有人在开始一段重大关系的前几天会紧张不安一样，如果家里的狗狗及其主人出现精神紧张的情况，也可以享受该福利。

“该福利吸引了大量的媒体关注，绝对是病毒式传播。这可以理解，因为我们都喜爱狗狗，我们都喜欢创新的想法。但重要的是要指出该福利不是孤立的，它是整体福利的一部分。我们将这一福利付诸实施，因为它符合我们的公司文化和整体敬业度战略”，格林说。这不仅仅是格林所说的“闪耀的福利”，而是向酿酒狗的员工展示他们（和他们的狗）对公司至关重要。

“小章鱼”后来怎么样了呢？作为对他伟大创意的认可，该公司请他参加俄亥俄州哥伦布市酿酒狗最新酒吧的开幕仪式。他已经有了一只小狗，所以他没有休假，但他确实说他很想再养一只小狗！

实　　践

- 不要害怕创造与众不同的福利，只要它们符合公司的使命、目标和价值观，并且不是孤立进行的。
- 并非所有人都适合有孩子的传统家庭模式。寻找超越传统定义的福利，可以创造一个重要的文化声明，并可表明你重视多样性。

打造引人入胜的福利推广活动：Citation

场景

Citation 是一家基于办公室工作的人力资源法律咨询公司，该公司面临着挑战。该公司正在推出八项新的福利，从员工生日休假到结婚假和祖父母休假，再到买卖日休假。团队如何让员工既理解又重视每一项福利？这是人力资源总监琳达·乔德雷尔（Linda Jodrell）面临的一个重要问题。她说："如果你没有正确地传达信息，那就相当于白白浪费钱了。"

好消息是，Citation 已经拥有一个名为"Dave"（代表折扣和各种独家系列）的知名品牌，还有一个同名的卡通人物。但他们怎么会让员工意识到在这些新福利的加持下，Dave 已经发生了改变呢？

他们通过创建一个全新且引人入胜的宣传活动，使用巧妙的预告方法和强大的品牌推广来实现这一目标。结果非常成功，90% 的员工通过注册参与活动，还使员工敬业度得分翻倍，Citation 也荣登英国"星期日泰晤士报百强雇主""卓越"类别的名单。

戏剧

Citation 的宣传活动的主题是 Dave 找女朋友，打出的品牌名称是"寻找福利伴侣"。乔德雷尔说他们打造这个形象是为了增添一些乐趣，同时也显示了 Dave 开始一段感情的方式，这正是新福利集成到现有福利的方式。这也创造了一对新"超级情侣"——提升了 Citation 宣传活动的整体影响力。

他们使用预告方法激起员工的兴奋、期待和兴趣。第一天，预告片的消息是："Dave 单身两年了，现在决定找个女朋友。在此之前，他想改造一下形象。"接下来的几天，显示 Dave 在健身，加入约会网站，配了新眼镜。

经历适当的"戏弄"后，员工就会收到礼品盒。每个礼品盒都包含一份解释新福利的文件，还有巧克力以及会议邀请函，公司将在会上介绍新福利。"我们希望让员工感到惊喜，并能传达公司关心他们的信息"，乔德雷尔说。

实　践

- 制订福利计划，共同讲述一个引人入胜、互联互通的故事。
- 大胆一些，让福利宣传兴趣盎然——想一个极妙的方法，攫取注意力。

制订有意义的员工所有权计划：Illuminate Education

场景

Illuminate Education 是莱恩·兰金（Lane Rankin）以首席执行官兼总裁身份创立的第三家公司，他决定这次出其不意。兰金表示："我想总结我以前创立公司的是非对错，也想学习作为教师的经验教训，特别是那些关于敬业度的经验教训。"

想学习的其中一个教训或目标是为 200 名员工赋权，"为公司创造新的机会，同时为我们的客户解决问题"，兰金说。这意味着要找到创造所有权感的方法。

为此，兰金实施了一份员工分享计划，该计划在过去八年中与员工共享了 6 000 万美元。该公司获得的回报是财务不断增长，七年内从 15 万美元增加到逾 3 400 万美元，还有兰金所说的最有价值的成就：员工忠诚度。自从他们创办公司以来，只有三名员工离职，因此兰金的做法一定是对的。

戏剧

Illuminate 的股票计划让所有员工感到自己不仅仅是公司的股东，而且是公司的大股东，从而创造了一种所有权感。利润分享计划在公司的各个层面为员工提供了丰厚的回报。

这个计划的支出占到了利润的 50%，这远远高于大多数利润分享计划的支出，其中大部分资金分给了 CEO 及其高管。“这不是我兰金自己的，而是我们大家的”，兰金说。“但你必须把钱挂在嘴边。”而这正是他们所做的。

实　践

- 找到与员工分享“利润”的方法，无论是从财务（如股票、奖金）还是从庆祝活动（派对）上。让你的员工觉得他们是你成功的一部分。
- 把你的员工变成所有者，打造与每个人讨论利润和企业业绩的更佳的基础。

一场兴趣盎然的福利博览会颠覆传统：3M Australia

场景

3M 是一家非常传统的公司，做事风格非常“企业化”。但是，由于公司专注于衡量员工敬业度并且希望在该领域实现提升，这位澳大利亚董事总经理认为需要活跃气氛，以向员工表明这是一个有趣的工作场所。因此，公司接连推出两项新的福利——慈善捐赠计划以及休闲生活方式福利——人力资源团队决定与福利提供商在总部合作举办一场博览会，可以为员工带来一点乐趣，同时帮助员工更好地理解和欣赏他们的新福利与现有福利。

戏剧

博览会的想法来自人才发展经理塞布丽娜·克洛宁（Sebreena Cronin），她经常带着她的孩子们参加学校的展览会，并认为这种形式可以很好地帮助提升员工的参与度。和展览会一样，给员工提供参加博览会的门票，一些员工甚至赢得了幸运奖。 为了活跃气氛，3M 公司聘请了一位克洛宁在展会上看到的气球男子，他制作了精美的气球设计。有趣的设计吸引员工前来一探究竟，并且在他们将气球杰作带回办公桌时，还有助于制造全天交谈的话题。博览会上有福利提供商负责的展位，员工可以停下来，了解每项福利的更多信息。比如：

- 有的展位免费提供爆米花，员工可在此了解打折的电影票。
- 有的展位设计了一个迷你保龄球馆，员工可在此以折扣价体验保龄球运动，试着击倒球柱赢得奖品。
- 有的展位分发促销笔、记事本和气球，出租公司在这里为员工回答有关他们个人情况的问题。
- 3M 公司的企业健康合作伙伴搭建了一个摊位，为员工提供健康检查，举办现场营养烹饪示范，并举办“健康食品”比赛。员工还可以试戴眼镜，模仿酒精对视力的影响达到 0.05，然后试着在地板上用胶带表示“走直线”。

博览会取得了巨大的成功，事实上，在那之后，澳大利亚其他 11 个办事处要求也在他们的办公地点举办博览会。现在说它是如何影响整体敬业度的还为时过早，但它确实有助于提高员工对两大新福利以及现有福利的认识。“博览会以一种非常有趣的方式向员工展示了一些很棒的产品。员工至今还对此津津乐道，谈起这次经历都笑容满面，这绝对是一大亮点！”克洛宁说。

实　践

- 博览会或展览会是提高对福利计划的认识和认可的好方法。这需要一些精力来安排，但你会发现，你的福利提供商非常愿意来经营摊位，而且如果准备好食物和游戏，想阻止员工参加都难。

取消销售佣金，加强协作：Bamboo HR

场景

Bamboo HR 是一家创建人力资源软件解决方案的组织，该公司有一个传统的基于目标的销售佣金计划，并在销售完成时付款。直到杰夫·亚当斯（Jeff Adams）以首席风险官（CRO）的身份加入该公司，他之前任职的公司打破常规，取得了积极的成果：取消销售佣金。亚当斯亲眼看到了从谈判桌上拿回佣金的影响，当他与该公司的创始人分享这个故事时，他们很想知道这对他们的业务和销售团队有什么帮助。因此，2017 年 2 月，Bamboo HR 公司也决定取消销售佣金。

现在还处于早期阶段，但他们已经看到了这种变化的积极结果。“与佣金相关的常见摩擦已经消失，销售代表互相帮助的意愿有所改善。这一点非常重要，因为公司处于高速增长期，合作和协作跟上公司发展的节奏至关重要。”亚当斯说。

戏剧

该团队知道取消销售佣金会带来激烈的情感变化，因此为了确保其成功，他们制定了一个全面的方法。首先是确定被员工认为公平的“正确”

工资，因此对员工具有激励作用。他们研究了各种因素，如任期、工作水平、前两年支付的佣金以及下一年的预计佣金，以获得正确的计算方式。

接下来，团队确定了沟通这种变革的重要性，因此亚当斯没有在小组会议上宣布，而是与每位销售代表进行一对一的会谈，解释变革的原因、新的思维方式以及如何人为地施加影响。这样可以解决所有问题，因此确保无人对变革持有任何疑问。

最后，为了引入一种庆祝单个指标的方法，该团队创建了一个名为“团队士气高涨”的认可计划。领导层直接与销售团队合作制订计划，并与公司授予的其他体验奖励相结合来调整奖励。

“我们不相信我们的销售人员需要佣金计划的外在动机。他们现在的工作同样努力，因为他们的内在动力是为企业做正确的事情，而不必担心佣金计划设计带来的复杂性和混乱。他们共同努力，以更明确的目标专注于为客户服务，以实现企业的最大利益。”亚当斯说。

实 践

- 请询问你的奖金或佣金计划是否促使员工满足你的业务需求并符合你的文化。如果不是，请予以改变！
- 如果你要进行这样的重大改变，请确保采用一个全面的方法进行设计和沟通——这可能决定着成功与否。

11

第十一章
工 作 场 所

本章目标

主要内容

- 了解工作场所在员工敬业度和工作效率方面不断变化的角色。
- 了解工作场所必须改变的方式，以满足公司和员工的需求。

要点

- 物理和虚拟工作场所对员工敬业度既有积极影响，也有消极影响。
- 随着工作变得更加多样化，工作场所在员工敬业度中扮演着更重要和更具战略性的角色。
- 如果我们的工作场所要真正“发挥作用”，我们需要考虑到不同的员工以不同的方式完成工作，来实现不同的目标。
- 建立良好的工作场所需要勇于承担提升工作实践的责任。

引　言

如果我两年前写这本书，那么本章内容就会大不相同。事实上，它可能根本就不存在。工作场所不在敬业度桥梁模型的早期版本中；它姗姗来迟，但至关重要。

我最初对这个元素缺乏热情是我自己对其的误解导致的。首先，我把它当作工作的场所，主要考虑的是物理环境，联想到的是财大气粗的公司的奢华工作场所。我认为它们可能在招聘中扮演这样一个角色——谁不想在一个很酷的办公室工作？——但我并没有真正看到它在长期员工敬业度中扮演的角色。

后来我开始将工作场所理解为更广泛的概念虚拟、物理和更广泛的工作环境，包括工作实践以及我们在下一章讨论的内容“弹性工作”，才意识到其重要性。根据这种新的定义，我开始相信工作场所作为敬业度和生产力的驱动因素具有重要作用。遗憾的是，我同样相信，很多公司仍然在工作的场所的背景下考虑它，因此缺少了一个重要的敬业度工具。

了解敏捷的工作场所

你在哪里工作？这是我们问任何人的第一个问题。甚至在家工作者也经常不得不回答一个基本的工作场所，好像连接到一个实体公司空间就可以确保与公司内部人员的联系。

既然有这么多的公司全天候运营，我们开始扪心自问，“与单一实体办公室的连接是否仍然很重要？或者根据手中处理的项目，人们需要与世界上任何地方、任何家庭或办公室的人保持联系吗？”

久而久之，我们越来越多地加入跨部门团队，历经许多项目的成立、解散和变革，但是我们大多数人仍然倾向于坚定地坐在办公室的同一个位置，因为底部抽屉多年来一直放着我们臭臭的运动鞋，我们不想清空所有的垃圾！

舒舒服服地坐着?

对我们多数人来说，我们的工作比以往更加多元化。我们有时需要全神贯注，有时需要相互协作，但我们大多数人不得不牢牢地坐在同一张办公桌同一个位置的同一张办公椅上。如果我们去会议室开会，我们也坐在同一个位置。

今天，我们的办公室应该提供更多的选择，更多的替代方案，更多不同类型的座位——让我们站起来！敏捷工作场所尊重这样一个事实：不同类型的工作需要不同类型的空间，而且作为人类，我们白天四处走动，在不同的地方，坐在不同的位置，效率更高——就像我们在家里一样。电话呼叫最好通过隔音呼叫亭进行，你可以站起来而不是坐着。沙发区可能更适合举行非正式会议和创意头脑风暴。带有大隔断的传统办公桌及其直立式屏障可能最适合处理电子表格或撰写演示文稿。家庭办公——是的，可怕的家庭办公——可能最适合撰写一份长文件，甚至可以阅读（或撰写）一本关于员工敬业度的书。

重要的是，敏捷工作与过去十年中受到诽谤的工作场所创新的热门工作非常不同。**共用办公桌，你会失去办公桌；在敏捷工作方式的助力下，你可以获得丰富的选择和替代方案**。

共用办公桌	敏捷的工作方式
所有办公桌都千篇一律	有许多不同类型的工作任务区域，可用于阅读、写作、电话、展示、协作或会议
办公桌数量少于员工人数	工作场所比员工多，但传统的办公桌比员工少

续表

共用办公桌	敏捷的工作方式
可感知到资源竞争	员工感觉收获了一些东西
固定办公桌不再是优势	
员工感觉失去了一些东西	

现代敏捷的工作场所更像咖啡馆或酒店大堂。它们旨在最大限度地减少人与人之间的意外碰面和非计划性的对话。史蒂夫·乔布斯（Steve Jobs）担任皮克斯动画工作室的首席执行官时，他一个十分有名的尝试是设置了一套盥洗室，故意创造一个人们可以见面的地点。最后，他们还设置了一个中央大厅。

“最好的工作场所结合了空间、服务和文化，旨在为员工和客户创造极好的体验。”

——艾略特·费利克斯（Elliot Felix），Brightspot Strategy 创始人

无论是在会议室等场所的预期碰面还是其他共享空间中的偶然碰面，这些交互对于协作都是有价值的。

技术的重要性

技术在我们体验办公室方面发挥着越来越大的作用，你使用的系统和产品如桌椅和沙发一样普通。但在工作中，我们的许多系统都过时了：陈旧而笨重。有些人仍在使用 20 世纪 70 年代设计的大型应用程序。因此，72% 的员工表示他们很难轻易找到他们需要的信息，这使得技术成为工作压力的重要来源。

我们在考虑工作场所的作用时，需要考虑整个工作场所：硬件和软件。如果办公桌上的技术难以使用，令人沮丧或过时，那么配置一个出色的办公室的意义并不大。如果你为员工提供的基本工具无法帮助他们完成最佳

工作，那么你在敬业度桥梁上所做的所有优秀工作都将大打折扣。

通过 Facebook 拥抱像 Slack、Yammer 或 Workplace 这样的云和现代通信系统是关键。这些可能会让人觉得可怕，因为它们的关键作用是广开信息渠道并使信息大众化，使搜索和查找更容易，更难以隐藏，但你很快就会意识到没有它们你的生活将举步维艰。

实 践

我们在考虑工作场所时，需要考虑我们工作的空间——物理空间和虚拟空间——对我们员工的感受有何影响。这会让他们感到自豪？敬业？激动？还是沮丧？

“公司需要创造空间，应使其形式和功能打造一种工作场所体验，讲述你的故事，潜心于用户，让来访者感到愉悦。”

——安德里亚·威廉姆斯·韦德伯（Andrea Williams-Wedberg），敏捷工作场所设计师

主要优势

有效的工作场所有几大关键的好处。

提高生产率。精心设计的工作场所会对你的员工生产力产生有意义且持久的影响。无论是为协作和反思提供空间的物理工作场所，还是配置合适的技术，如果实施得当，正确的设计可以最大限度地提高你员工的潜力、绩效和生产率。

提升人才吸引力。我曾听过有人将工作场所称为公司新汽车——一种吸引人才加入我们组织的工具。工作场所通常是首先给应聘者留下印象的

地方，因此在决定加入贵公司时，它可能是一个强大的吸引因素或拉低印象分的因素。

增加协作。打造公司的工作场所，以制造正式或非正式的“碰面”机会，可以对协作产生显著的影响。打造空间并配置各种工具，以帮助建立人与人之间的关系，这有助于你的员工更频繁、更有效地协同工作。

创造完全投入自我工作的能力。设计你的工作空间，满足你员工的多元化需求，你可以提供“完全投入自我工作”的机会。这不仅创造了我们自身的成功和满意度，而且对我们完成工作的能力产生了巨大影响。

主要的颠覆传统的行为

颠覆传统者对工作场所设计得当，并按照以下方式行事。

1. 大胆合作

颠覆传统者与其全体员工合作，了解他们的需求并经常与他们沟通。但是他们勇敢地做到了这一点——许多人非常抵触变革，特别是在物理工作场所方面，但是颠覆传统者敢于平衡合作，向未来迈出大胆的一步。你**可以**建立一个无纸化的办公室，你**可以**实现真正的敏捷办公，但不要期待每个人都对此举感到兴奋。

2. 允许差异化

颠覆传统者明白，工作场所没有“一刀切”的方法。他们允许差异化，允许员工在工作方式和工作时间上做真实的自己。

3. 勇敢无畏

颠覆传统者清楚他们可能不得不尝试新颖的和与众不同的东西来打造适合的工作场所，并且敢于尝试。然而，他们也了解勇敢需要策略，他们认为最新和最好的工作场所噱头不会帮助他们实现目标。

4. 凸显价值观

颠覆传统者知道他们的价值观必须处于其工作场所设计的前沿和中

心，这是一个十分重要的技巧。应该在墙壁上展示价值观，在工作过程中可以提醒员工。

5. 永远在路上

颠覆传统者知道，工作场所永远不可能尽善尽美。他们不断检查企业及其员工，以确保工作场所继续满足他们的需求并实现他们的目标。

从头开始

员工内心了解如何使敬业度桥梁的大多数内容奏效——他们可以教会我们很多关于领导、沟通和认可所需要的东西。但那并不普遍适用于任何工作场所。人类状况有一些特殊之处，它将我们与现实工作场所的现状联系起来，即使我们处于最恶劣的条件下，依然要抵制改变。

我记得在 Reward Gateway 位于伦敦的旧办公室工作时，经过多年近乎零的投入，该办公室已支离破碎。我走过财务部门，看到我们的一名助理蒂娜穿着三层衣服，戴着一条围巾和一顶帽子。她坐在正对着空调通风口的下面，而这个通风口向内冒出冷空气。附近有三个空桌子，我建议她搬过去，她震惊地看着我。“不，我喜欢这里，这是我的办公桌！”

在工作中，员工最不喜欢的就是物理工作空间的变化，所以当涉及工作场所问题时，你需要把你内心在工作空间中的反抗情绪发泄出来。改变需要勇气。

评估你的工作场所要求。首先查看必须完成的工作以及与之相关的工作场所要求。你有合适的安静空间和协作空间吗？真的让人感觉很舒服吗？绘制出必须完成的工作，并将其与当前存在的空间进行比较。从那里，你可以评估是否需要进行任何改变，以使你的工作场所更有吸引力，更富有成效。

获取员工信息和反馈。在进行重大工作场所改变之前，让员工提供信息和反馈非常重要。召集焦点小组讨论他们目前的工作方式以及将来需要做些什么来提高他们的效率。使用敏捷工作模型，可以在当前工作场所中改变哪些方面，使其成为更美好的员工环境？

灵感点亮生活。许多伟大的工作场所都是最好的示范，所以去参观一下并从中获取灵感。给它们打电话，上门拜访，或者阅读关于他们的信息，或查看 rg.co/inspirationworkspaces 的一些视频和在线灵感。

打造工作场所，驱动敏捷办公：美国通用电气公司

场景

通用电气曾经拥有你所谓的传统办公室。像许多大型组织一样，职位等级决定办公空间的大小，其区别甚至精确到数平方米。然而，2014年新任首席执行官加入该公司，他推动公司转向“敏捷办公”，即在办公室内创建不同的工作区域，让员工自由灵活地随时选择在他们喜欢的地方工作。

澳大利亚人力资源总监大卫·阿克尔（David Arkell）表示，通用电气位于澳大利亚悉尼的办事处采用这种新方法时，员工一开始就有一种恐惧感和一些抵触情绪。为了解决这个问题，最初的计划是采用一个分阶段完成的方法，一次做一个楼层，用三年时间完成整个装修。然而，阿克尔说：“前三个小组一进入工作场所，就爱上了这里，所以其他人都跃跃欲试。它创造了一种新的工作方式。我们之前被孤立开来，现在来自不同小组的员工坐在一起，创造了一个共享和协作的环境。”

戏剧

通用电气的新工作场所的设计不仅灵活敏捷，而且还采用“基于活动办公”的概念。这可以确保员工全天参与各种不同的工作和活动，具有不

同的物理要求。在新办公室里，唯一不变的东西是员工的家用地板储物柜，其他一切都是临时的和流动的，员工在整个大楼内来回穿梭，可选择对他们在特定时刻进行工作的最有效的空间。在有两个办公室的地方也运作得非常流畅，员工甚至可以选择他们想去哪个办公室。“我们不在乎他们在哪儿工作，对我们来说很重要的是输出，而不是输入”，阿克尔说。

对改变之前和之后进行的调查发现，员工对工作场所的满意度更高，认为它促进了创新文化，并且认为通用电气是最佳的雇主。它还体现了两个经常使用的词——“选择”和“包容性”。“我们让员工选择在何时何地工作，借此帮助他们在工作中展现真实的自我并实现其真正的潜力”，阿克尔说。通用电气其他办事处采用这种工作场所设计方法取得了巨大成功。

想带你妈妈去的工作场所：Pentland Brands

场景

Pentland在伦敦的总部已经满员，无法满足其不断增长的劳动力需求，而且没有空间展示和归置各种体育、户外和时尚产品。这家家族企业的董事长安迪•鲁宾（Andy Rubin）开始着手创建一个新的工作场所，希望员工在此能够开心工作，更好地设计产品并努力打造公司的众多品牌。

鲁斌请公司创意总监凯蒂•格林耶（Katie Greenyer）负责此事，她开始设计一个“有灵魂和个性、鼓舞人心的工作场所，并且是一个你想带你妈妈来的地方”。她借助其作为一位时装设计师的视野和经验，倾心打造办公室，为Pentland的设计赢得了英国文化理事会奖。荣誉并没有止步于此：新设计荣登“最佳工作场所”榜单，敬业度调查结果表明93%的员工表示他们为Pentland工作而感到自豪，85%的员工彼此互相关心，83%的员工认为这是一个有趣的工作场所。

戏剧

如果你看到 Pentland 的办公室，就不会对员工在敬业度调查中做出的回应感到奇怪了。这里处处体现着对员工的关心，拥有任何公司都会感到自豪的现场设施（补贴餐厅、网球场、全能健身房、台球桌、室内游泳池等），以及鼓励社区参与的区域，如食堂设有长椅而不是普通椅子。家庭和社区的范围无时无刻不在，尤其是在走廊上，挂在墙上的图片和历史文件讲述着公司的历史。

格林耶鼓励团队在设计的各个方面进行创新，包括办公室名称。根据电力命名办公室是对其过去作发电站的一种认可。“这激发了大家的设计兴趣，提高了员工的敬业度”，她说。为了增加创新性，该公司与大学生举行了一场比赛，设计出格林耶所说的“货架上买不到的东西”，如家具、陶瓷、雕塑、艺术品和地毯。这不仅为未来的设计师打开了大门，为办公室制作了独特的设计，还是“设计池”的起点，其已经成为持续进行的大学生实习计划。

总而言之，办公室的目标是成为一个员工共同合作以设计出更好的产品的地方，一个员工愿意来工作的地方，甚至是愿意带他们的妈妈来的地方！

实　践

- 想办法将公司历史融入你的工作场所。这可以有力地提醒你：你是谁，你怎样走到了今天。过去，如何成就了今天的一切。
- 在寻找帮助设计办公室的人员时敢于突破传统。考虑是否有人——无论是在公司内部还是外部——可以带来新颖的视角。

用所有感官设计工作场所：Adobe

场景

Adobe 是一家制作多媒体视觉产品的公司，所以可以想象该公司的办公室令人惊叹，每一间都令人赏心悦目。但是这足够了吗？根据 Adobe 全球工作场所设计总监埃里克·克莱恩（Eric Kline）的说法，还远远没有。克莱恩说，Adobe 认为其工作场所“需要把员工聚集在一起，让他们做最好的自我，通过所有令人惊奇的体验来创造和放大文化效应”。

以此为目标，Adobe 团队开始创建的不只是办公室的物理空间，更是与员工进行交流和沟通的空间。他们利用设计技术做到了这一点，考虑了我们所有的感官，并反映了我们所有的差异性。“因为员工在生活和工作方式上大相径庭，我们想要确保不是一种感觉或一种类型的主导设计，而是都被考虑进去，并被层层融入体验之中”，克莱恩说。

Adobe 的办公室不仅赢得了设计奖，而且助力公司登上了《财富》杂志的“最适合工作的100家公司”以及 Glassdoor 的“最佳工作场所”的榜单。

戏剧

Adobe 的办公室设计用来刺激五感中的每种，以为员工带来最大的影响和体验。每一种感觉都被单独和从整体视角考虑，以期将 Adobe 办公室变为唤起情感的空间，并在许多层次上增加敬业度和生产率。并且利用颜色来影响行为，创造能量。利用可持续性的天然材料，如木材和植物，将大自然的平静效果带入办公室，同时，表现出对环境的尊重。利用香水来帮助员工保持平静、精神焕发或感到受欢迎。甚至还深思熟虑地利用音乐来提高舒适度，促进交谈意愿。

例如，加州圣何塞总部新装修的大礼堂。这里以前是大理石地板和墙壁、人造植物、枯燥乏味的楼梯，给人感觉很企业风，但不太符合 Adobe 的品牌形象。克莱恩说："这可能是任何一家公司。"团队完全改变了空间，融合了色彩和纹理，给人身临其境的品牌之感，使它看起来和感觉起来都像 Adobe 的空间形象和体验。

再比如会议室的墙壁，乍一看，就像普通的墙上挂着塑料植物。然而，如果你仔细观察（摸一摸或闻一闻），你会发现墙壁实际上满是鲜活的植物。为了激发更多的感觉，创造更棒的体验，员工把可食用的植物悬挂在节日聚会的地方。

以上和许多其他例子说明了 Adobe 是如何利用工作场所设计和五感来创造体验的。正如克莱恩所说："每一次体验都会创造一次机会。如果因为新鲜烘焙的饼干的香味把两个员工吸引在一起，从而想出了公司的下一个好主意呢？我们努力寻找独特而自然的方式把我们的员工和创新结合在一起。"

实　践

- 想办法在你的工作场所激发每一种感觉。即使是微不足道的改变，增添小细节，也有利于打造更好的员工体验。
- 想方设法让你的办公室超越物理空间的概念，创造出能吸引全体员工的体验。

为国王和王后打造的工作场所：money.co.uk

场景

当财经比较网站 money.co.uk 的总经理克里斯·莫林（Chris Morling）着手整修公司在科茨沃尔德的办公室时，他既面临着挑战，也承担着责任。

挑战在于该建筑物是受国家二级保护的城堡，这意味着对于能做什么有严格的规章制度。责任是相对于他的工作场所和员工。

莫林指出："照顾好你的团队是最重要的。你的团队是你的引擎，所以你照顾好他们并给予他们最好的一切真的是重中之重。这包括我们的工作方式，我们的福利，以及我们实际的工作环境。如果你做得很棒，就会培养一个强大的、积极上进的团队来推动公司向前发展。你一半的工作时间都在办公室度过，所以我想创造一个激励人心的、令人振奋的环境，让他们发挥最佳优势，乐意合作。"

莫林很清楚既要尊重城堡的伟大历史和遗产，同时也要创造出一些乐趣和奇特之处，以彰显公司个性，于是邀请家庭风格咨询师兼电视节目主持人 Laurence Lilleely-Bowen 加盟，后者以另类风格而著称。

Llewelyn-Bowen 表示："一座不同寻常的建筑物肯定承载着一些宏伟、饱满和勇敢的事情；它需要像克里斯这样的人充分意识到它的伟大。办公室里有很多时髦、古怪、傲娇的设计，我想避免这些。我想确保我的设计符合公司的文化，遵循建筑本身的风格，尊重历史。"

莫林说，最终打造的一个工作场所"显著地改变了我们的工作方式，极大地改变了我们合作以及娱乐的方式"。

戏剧

项目的第一阶段着重于功能性，目的是打通空间并重新设计，以支持协作。把员工召集到一起，询问他们想要什么、需要什么，以使他们的工作既简单又愉快。根据他们的反馈设计协作空间、安静工作和反思空间，这为员工带来了乐趣。每一个细节都经过了思考，从大屏幕到与所有员工沟通，到 100% 可灵活移动的家具，再到健身活动的工作空间。

第二阶段是将公司的个性融入办公室，在设计上打上自己的印记。比如《星球大战》电影院、蒸汽朋克风格播放着古典音乐的洗手间、冰洞和滑雪度假小屋，所有这些都显示了公司的有趣个性。

新办公室向员工、顾客和潜在员工传达了清晰而响亮的信息：money.co.uk 关心它的员工。该公司兼顾功能和乐趣，为他们的“国王和王后”们创造了一个斩获殊荣的工作和娱乐空间。

实践

- 设计工作空间能支持和驱动功能性很重要，而不仅仅是带来乐趣。这才能确保它不仅仅是一个美丽的工作场所，也是一个可以持续推动成果的地方。
- 不要害怕把公司的个性带到你的办公室设计中，它会展示和提醒你的员工和客户，你是谁，你代表什么。

12

第十二章
健　康

本章目标

主要内容

- 讨论如何创建一种保持健康的综合方法。
- 解释工作场所的压力和倦怠是如何成为业务绩效的主要威胁的。
- 考虑从片面方法转移到真正的弹性办公的重要性。

要点

- 需要一种涵盖身体、财务和精神健康的综合方法才能实现健康。
- 技术从根本上改变了家庭与工作之间的关系，而我们对此的错误处理导致了有史以来最高的压力。
- 在当前状态下弹性办公不奏效。
- 从根本上解决健康问题需要你的整个组织的全力支持。

引　言

我从事员工健康领域已近25年，在此期间，人们对健康的群体性思考已取得了巨大进步。早在20世纪90年代，我们几乎完全采用一种被动的方法处理健康问题，以减少休假天数，至少在美国是这样，试图控制不断攀升的医疗成本。现在，最先进的公司都在整装待发，采取综合的、主动的方法来应对职场中最大的问题——健康问题。

对公司来说，健康不再是“锦上添花”，而是“势在必行”

公司不再分发免费健身卡或免费水果，而是以综合性方式应对和处理健康问题。沿用陈旧的方法，你的员工会锻炼身体，也喜欢水果，但仍然紧张焦虑、心力交瘁。

我们需要的不仅是免费的香蕉

如果你需要一颗“银弹”来获得健康，那就是建立一种完全整合的方法。做到这一点，好处会接踵而来：显著减少旷工，提高员工敬业度，增强抗压能力——这是任何企业都需要做好的三件事情。

因此，你的方法需要顾及以下三大方面。

公司最常应对的是身体健康方面的问题，但是这是因为大多数公司和健康产品可以应对身体健康问题，这也是最显而易见的引起关注的领域。健身计划既提供优惠卡或补贴健身会员卡等改善身体健康的方法，又提供继续教育和增强健身活动的信息。

另外两个方面——精神和财务——可以说甚至更重要，但是却经常被忽视，因为这两个方面让人心生恐惧或禁忌，这是可以理解的。但事实是，财务状是况良好还是欠佳，会对员工的专注力和能力产生很大的影响，导致更广泛的精神状况问题，致使业绩下降，进而产生多米诺骨牌效应。

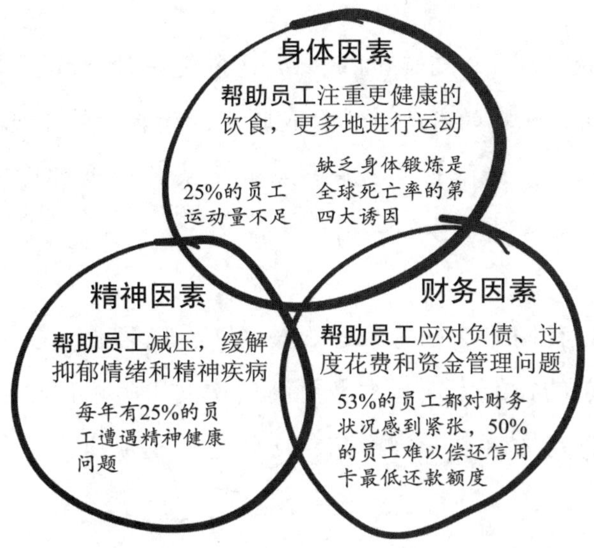

当今社会，我们对员工有如此多的要求

我们现在对员工的要求比过去多太多了。我们过去只需要员工按时上班，转动机器把手即可。现在我们需要员工按时上班，具有创意和创造性，做出伟大的决策，抛出神奇的想法，交付卓越的服务——我们需要的是如此之多。如果他们担心生病，担心金钱，焦虑紧张，抑郁难耐或心力憔悴，那么他们就无法胜任他们的工作。

我们的压力和倦怠危机

我个人对健康认知的转折点是聆听阿里安娜·赫芬顿（Arianna Huffington）在 2013 年一次会议上的讲话。《纽约时报》在专栏里讲述雷曼兄弟前首席财务官艾琳·卡兰（Erin Callan）20 年把全部精力用到了工作上，完全没有个人生活，对此，阿里安娜指出，“……雷曼还是破产了”：

“这就是我想让大家了解的事情。这不是一种交换，比如“我要建立一家伟大的公司，让我的人际关系，我的生活和我的健康见鬼去吧” 。不，你不能再那样做了。这个世界发展得如此之快，世事瞬息万变，如果你没有真正地运用你的智慧、你的直觉……

关键在于：我们无法拥有一切。技术正在助长来自各方面的混乱，我们需要更多员工的技能、判断力和更高层次的思考，但是当我们筋疲力尽时，判断力和创造力就会受到影响。这就是长期工作压力会明显降低公司绩效的原因。

健康不再是一种福利，而是一种核心的人才战略

我们过去“关注健康问题”是对员工友好的表现，那时候工作—生活之间的平衡只是员工的需要。现在我们需要我们的员工工作时具有卓越的判断力，能够在“泰坦尼克号撞上冰山之前发现冰山一角”，但如果他们疲惫不堪、心力交瘁，是不可能做到这一点的。现在我们需要“关注健康问题”，因为这对组织来说绝对必要。

问题是我们现在的工作时间比以往任何时候都多，但却没有显著提高生产率，因为额外的工作时间并不高效。工作时间增长后，我们的工作强度比以往更大。无处不在的技术不断发送消息、电子邮件、文本、推特，全天候地轰炸我们，创造了“永远在线”的期望。对于我们许多人来说，我们的绩效比以往任何时候都更具可量化性、可见性和可追踪性。我们暴露在压力之下，应对更激烈的竞争，不断被要求沟通我们的结果。德勤的“人力资本趋势”报告使用了一个术语“不堪重负的员工”，来描述我们今天身处激烈的竞争环境下的众多角色。

但是，似乎对我们大多数人可能存在限制。2016 年的《海湾合作委员会洞察报告》发现，虽然普通工人每年休四天病假，但他们承认自己过于疲惫或压力太大，每年无法高效工作的时间达到惊人的 57 天。这相当于每年损失 1.5 万亿美元的工作。海湾合作委员会首席医疗官大卫・巴特曼（David Batman）博士说：“我们不要再谈论员工请了多少病假，而应该将精力集中在他们实际工作过程中所做的事情上。”

确切的证据是我们与弹性工作的片面关系

技术已经模糊了工作与家庭之间的界限，但许多公司似乎没有看到这种变化。我问我的一位建筑师朋友，他的公司是否允许弹性办公，他说，“当然，只要我们在核心工作时间为上午 9 点 15 分至下午 6 点，我们可以在办公桌上做我们想做的任何事情。”我以为他是故意嘲讽，但他的确认为这是可行的。

虽然大多数公司口头上允许弹性办公，只要求员工提前申请，但事实是他们不喜欢相互的弹性。几十年前，公司鼓励我们远程访问电子邮件，采用了自助服务的单一弹性。工作侵犯了家庭的神圣性，但大多数公司在允许将家庭生活带入办公室上表现得很固执。

非弹性办公引起不必要的非生产压力

生产压力是完成工作的过程中存在的自然情绪。

非生产压力是由于遵守对完成工作无益的非相关准则而导致的紧张情绪。非生产压力对企业毫无价值、毫无意义，甚至具有破坏性，会增加实现目标的难度。企业里非生产压力无处不在！

如果我们想要弹性的办公方式，需要转移权力。我们必须将默认响应从“否”更改为“是”。我们不应该再要求员工勇敢地恳求不同的办公时间，而应把流程反过来，让经理编写商业案例，不再防止员工弹性办公。弹性办公必须不再是一种特权和期望——这意味着我们也应该将其从我们的公司福利清单中删除。

当一位经理写道他们只是不放心某人时，我们需要询问他们为什么不放心——如果我们连其选择某天何时何地办公都不能放心，那么我们如何能放心他们管理我们的客户，设计我们的产品或运行我们的账号呢？

公司不能再对弹性办公的单一方法置若罔闻。它不起作用——对公司不利，对员工也不利。他们需要采取相互的、双向的方式。未能提供对等弹性反过来会产生“出勤主义”和过度劳累的文化。

最后，若要双向弹性办公发挥作用，它必须具有强大而英明的领导力，公司上上下下都要相互信任。如果缺少这一点，就像敬业度桥梁的其他部分一样，它将失败。

如何做到这一点呢？多年来，我把每次理发和每日健身锻炼都在我的日历中标记出来，供所有人看，这有助于规范弹性办公，就像每个人都可以做的常规事情。

实　践

颠覆传统者孜孜以求的关键结果

减少因疾病和压力而请假的时间。单在美国，每天就有 100 万工人因压力而误工，到岗的员工因压力无法充分发挥潜能而造成的生产力损失估计高达 1.5 万亿美元。颠覆传统者努力减少这一点，关注工作结果的质量而不是工作量，重视生产率而不是出勤率。

提高创造力和创新性。筋疲力尽的员工的创造力和创新性会降低，因为他们疲于应付全天的工作。消除这些障碍后，可以让你的员工有更充裕的精力为公司想出更妙的主意。

提高决策水平。成功管理健康的颠覆传统者可以从明显更好的决策中获益。员工更加敏锐、更加专注，因此能够为企业及其客户创造更好的解决方案。

主要的颠覆传统的行为

在敬业度桥梁的所有内容中，职业中的健康元素可能是最不受重视的，尽管我们仍然看到高绩效的颠覆传统者之间存在一些不断变化的一致性。

1. 深入贯彻弹性工作方式

颠覆传统者倡导的弹性办公不需要员工提前申请，并在相互双向弹性的情况下发展出完全信任的文化。他们普遍认为，**僵化的**工作方式会导致倦怠，并且是反文化的。

2. 攻坚克难

颠覆传统者了解健康倡议的挑战和敏感性，并且敢于追求。他们专注于积极的成果，并影响企业领导者为他们的健康之旅采取必要的措施。他们不只是争取那些已经重视健康的人，而且还积极争取未重视健康的人。

3. 提供个性化方案

颠覆传统者明白，在健康方面，没有“一刀切”的解决方案，它必须是个性化的。他们支持一系列干预措施并提供各种帮助，允许员工根据自己的个人优先事项做出自己的选择。

4. 深深植入文化中

颠覆传统者知道，一个有效的健康计划并不是只吸引组织的一小部分员工的一次性举措。他们创造了一种健康文化，这是他们的组织履行使命的核心，并且每天通过其运营和价值观得以让所有员工遵守该文化。

5. 消除摩擦

颠覆传统者经常想方设法来减少与健康相关的摩擦或挑战，无论是从经济角度还是从便利角度来看。这可能包括补贴健康食堂，提供折扣健身房会员资格或开设现场正念课程。他们消除了员工与健康之间的障碍，支持他们实现个人目标。

从头开始

做出承诺。公司改变深层次健康统计数据的唯一途径是致力于将健康作为优先事项。在你的公司制定明确的健康战略，让你的领导团队参与其中，并尽一切可能确保健康——我的意思是一种综合的健康方法——明确而坚定地贯穿于你的组织议程中。

评估你的员工需求。走出去，了解你的员工的健康需求，评估需要什么样的项目和支持来改变他们的工作和个人生活。借此来帮助设定健康旅程的方向和过程，不断监测，以确保在正轨上不断进步。

改变你的工作方式。如果你真的希望改善员工的健康状况，从而改善你组织的健康状况，就必须从根本上回顾一下你的工作方式。从双重弹性的工作安排到应对压力，你有哪些政策和做法阻止员工实现他们的健康目标？改变或消除那些障碍，让你的员工有机会将健康作为优先事项。

创造弹性以支持多样性：波士顿咨询集团

场景

波士顿咨询集团（BCG）的管理顾问面临着专业服务行业许多人共同面临的挑战：“永远在线”的精神压力。该公司有一支顾问团队为客户提供支持，那么如何支持自己的客户——员工呢？工作的紧张和重负及其对个人生活的影响是造成员工离职的首要原因，那么他们如何做才能帮助保留这些重要且有价值的资产？

解决方案是找到“更好的工作方式”，找出管理工作方式的不同方法，以帮助咨询师维持更长、更令人满意的职业生涯。高级合伙人兼董事总经理麦顿·沃尔夫冈（Meldon Wolfgang）表示：“公司经常采用表面的工作与生活平衡计划，例如让员工在家办公，这些计划只能解决表层问题，但没有解决核心问题。在波士顿咨询集团，我们希望寻找不同的方法来管理员工自由支配的时间，能直击问题的核心，切实改变工作性质。”

波士顿咨询集团与哈佛商学院的莱斯利·珀洛（Leslie Perlow）教授合作，对这一概念进行了实验，从而创建了一个名为“PTO”的计划。“我们对自由支配时间进行的实验促进团队成员之间进行更开放的对话，这本身就很有价值。但改进后的沟通也引发了新的流程，从而提高了团队最高效和最有效果工作的能力。”珀洛说。

戏剧

PTO 实验取得了巨大成功，它已成为波士顿咨询集团全球工作的一种方式，并用于所有咨询项目。该模型包含三个部分。

P- 可预测性（Predictability），即为工作增加秩序感和可见性。沃尔夫冈说：“你消除这种失控的感觉，就可以消除可能耗尽员工精力的压力。”这样做的目的是让员工在设定的时间内讨论问题——通常每周一晚——这会迫使团队积极讨论优先级，并关注最高价值的工作。

T- 团队合作（Teaming），只有在团队有效协同工作的情况下才会涉及团队合作。经验丰富的协调员为团队提供支持，负责定期开展公开讨论会，分享团队进度和需求，无论是紧急工作还是暂时搁置工作，与家人或朋友共度时光，都可以举行一次讨论会。最终形成了讨论以何种方式以及何时完成工作的氛围。

O- 开放沟通（Open Communication），如果没有模型的最后一个元素——开放沟通，也不会促成最终结果。当团队进行公开诚实的对话时，他们会共同攻坚克难，使他们能够实现公司和个人目标。

这种新的工作方式在波士顿咨询集团产生了许多积极影响：74% 的咨询师表示他们更有可能留在该公司，团队合作增加了 35%，交付给客户的价值也增加了 35%，最重要的是，波士顿咨询集团名列《财富》杂志“2017 年度 100 家最适合工作的公司”榜单第三。正如一位咨询师指出的那样，“PTO 承认‘我压力很大’，抹去了历史性的行业耻辱。我们每两周进行一次 PTO 检查，每次都非常坦诚，讨论我们‘真正的感受’以及我们可以做些什么来使其变得更好。结果，一项十分有挑战的工作的具有令人难以置信的可管理性。”

实　践

- 这个模型表明，大家齐心协力，就会促成改变。建立一种机制和方法，从一开始就对团队工作方式采取集体所有制。
- 认识到不可预测性可能而且将导致问题，找到解决问题的方法，这样你的员工就可以自由支配生活。

实现财务健康的全方位方法：Travis Perkins PLC

场景

英国最大的建筑材料供应商 Travis Perkins PLC 决定将其注意力聚焦在 24 000 多名员工的财务状况上。集团薪酬负责人保罗·尼尔森（Paul Nelson）表示：“我们许多同事的财务挑战是他们今天正在努力解决的最严重问题。他们不可避免地会将这些问题带到工作中，影响他们的工作方式以及他们与客户的互动方式。”

该公司着手制订财务健康计划，以改善员工和组织的整体健康。公司首先创建了一套完整的目标，重点是提高员工敬业度，减少缺勤，提高安全性，接纳多代际员工，成为求职者的首选。

该计划必须是多层面的，才能实现所有这些目标。“我们希望建立一个成熟、现代、全面的财务健康战略，从储蓄、投资到知识和教育，再到干预和支持”，集团人力资源总监卡罗尔·卡文纳（Carol Kavanagh）说。这个屡获殊荣的项目确实顾及了方方面面，并将继续实施下去，因为它进一步改善了同事的财务健康状况。

戏剧

Travis Perkins 创建了一套独特而全面的解决方案，旨在满足多元化员工的需求。他们通过两种关键的方式检查并解决财务状况问题来实现目标。

首先，他们绘制了他们所称的员工“人生旅程”，了解员工在其生命的不同阶段所面临的财务状况——从员工职业生涯伊始一直到退休。一般旅程中的一些里程碑事件包括偿还学生贷款、购买第一套房子、结婚、生孩子和照顾家属。

其次，他们绘制了员工的“财务健康状况”，分为滑倒、平衡、舒适三大健康类别。

他们明确划分了这两个领域，接下来调整了他们实施的产品和计划，以改善所有员工的财务状况，无论他们处于哪个生命阶段。他们与战略合作伙伴合作，按照员工所处生命阶段和面临的挑战，提供相关的金融产品、培养相关的意识、开展相关的教育。

这种端到端的方法是关键所在，因为“员工需要有关如何管理财务的生活技能。如果他们没有足够的信息来决定如何进行选择，那么拥有金融产品是没有意义的”，集团福利主管西蒙·内勒（Simon Naylor）说。这种全方位方法取得了成效，现在 Travis Perkins 正在研究如何通过引入储蓄产品来构建下一阶段的旅程，这样一旦产品与收益达到平衡，就会“轻推”着员工开始储蓄，确保一个舒适的未来。

实 践

- 在制订财务健康计划时，要从员工角度看待问题。事先了解他们的情况和需求，并利用这些来创建计划的核心内容。
- 勇敢些。把自己卷入员工的个人财务中会很可怕，但是债务和信用管理对于许多员工来说是一个真正的问题，这会极大地分散他们的注意力，所以不要害怕找到支持他们的方法。

请领导支持健康：美国运通

场景

美国运通决定为遍布 35 个国家的 55 000 名员工创建一套长期的健康方案。总体薪酬总监布瑞克 • 琼斯（Breckon Jones）指出：“我们希望改变我们的文化和我们的价值观，将健康放在中心位置，使其成为全球业务重心。”公司采用了一个分阶段的方法，第一阶段是制订**健康生活**计划，这是一个创新的全球健康计划和品牌平台。“我们一直都有很多健康福利，员工可以在我们的运营市场中利用这些福利”，琼斯说，“然而，这些福利各自为战，导致员工体验不佳。这一阶段的重点在于重新包装我们的员工沟通：突出员工可享受的福利的方方面面。”

该计划取得了巨大成功，赢得了无数奖项。更重要的是，它帮助公司实现了其加强身体锻炼的目标，同时帮助减少压力和肥胖的负面影响。

为了进一步加深健康意识，美国运通决定该计划第二阶段的重点是鼓励各个团队的管理人员加入进来。

戏剧

第二阶段的目的是确定如何帮助中层管理人员了解健康的好处及其对员工敬业度的影响，同时让他们成为健康生活计划的倡导者。“你需要确保领导者认识到该计划给他们个人及其直接下属带来的好处。接下来，你可以吸引他们的注意力，并鼓励领导者更多地投入团队的健康状况，并使他们能够发现潜在的健康问题。”琼斯说。

美国运通通过以下几个方面做到了这一点。首先，该公司在员工敬业度调查中添加了健康问题，为组织和领导者提供了基本信息，以便更好地了解和监控其团队的健康。其次，将面向领导者的健康教育模块集中到公司的学习平台中，帮助他们了解计划的策略和细节。最后，创建了一个全球网站认证计划，领导者填写一个如何为员工带来健康生活方式的调查问卷，并接受庆祝他们网站认证的牌匾。“许多人已经成为真正的冠军，推动了健康的进一步改变”，琼斯说。

如今，全球 96% 的美国运通员工至少可以参加一项健康计划，其中包括位于 12 个市场办事处的 24 个现场诊所和健康中心。

实 践

- 如果你希望你的健康计划取得成功，请你公司的领导者参与其中，这一点很重要。如果他们相信并支持它，就会有更多的声音讨论并推动该计划。
- 找到引入学习模块的方法，以确保你公司的领导者获得成为真正冠军所需的支持。

“振奋”你的健康福利的方式：领英

场景

许多公司都发放新颖的有时甚至是怪异的津贴，借此在人才争夺战中脱颖而出并表现出差异化。领英多次赢得奖项，如 Glassdoor 的“最佳工作场所”和福布斯的“美国最佳雇主”，这是由于他们以不同的方式看待津贴。

根据全球福利和员工经验副总裁尼娜·麦昆（Nina McQueen）的说法，他们决定创造“有目的的额外津贴”。麦昆说：“我们在福利方面所做的一切都必须有一定用处：无论是为了企业还是为了它是正确的事情。我们最不希望引入只发一堆卡的福利计划。我们希望我们的计划具有持久力，并且能够改变员工的生活。”

领英开始着手设计一种额外津贴，希望其能够影响并改变员工的生活。他们把目光投向外部，参与硅谷（“额外津贴之家”）新创造的“额外津贴价值观”的调查，并在内部调查员工，询问“哪些会对你产生影响？”结果制定了非常独特和个性化的额外津贴方法，即 PerkUp！计划。

戏剧

PerkUp! 每年给员工的津贴因国家而异（在美国每年是 2 000 美元）。可将该津贴用于支付经批准的清单上的额外费用，包括健身会员卡、私人教练、健身课程、按摩、儿童看护、宠物看护和遛狗。“专注于改善员工健康或创造便利，使员工的生活更轻松的额外津贴”，麦昆说。

该计划为员工提供了灵活地选择最适合他们需求的额外津贴的机会，并为他们提供个性化服务。根据对员工的调查反馈中反映的对他们最重要的内容，决定提供哪些服务，然后在三个月的全球试点后进行微调。

该计划取得了巨大成功，全球 80% 的员工都在使用这项福利。这对公司和员工来说是双赢的结果。公司得到的好处是，可以向员工展示他们的关心，并在吸引人才上获得竞争优势（招聘人员在与候选人交谈时表示，该计划对候选人非常有吸引力），并为员工提供一些他们自己要求的又能掌控的东西。交付这样一项既有用处又有意义的福利一定会使领英“精神抖擞地踏上征程”。

实　　践

- 如果找不到你所需的数据，请考虑托管或赞助一项调查。你会感到惊讶的是，你不是唯一想要这些信息的人。
- 在制订健康福利计划时，想办法让其变得有意义和用处，并包含独特且令人惊叹的元素。

为健康采取小而有意义的举措：GreatCall

场景

GreatCall 是一家为老年人和看护人提供健康和安全产品以及服务的公司。从人才的角度来看，这意味着聘用的员工不仅能够敬业，而且要足够健康，能够满足客户的需求，因为客户要全天候依赖他们。

公司拥有关注健康的文化，但没有预算，也没有开展健康活动的物理空间，首席人力资源官琳恩・赫里克（Lynn Herrick）知道她面临着挑战。然而，葛罗瑞亚・斯坦内（Gloria Steinem）曾经说过，小变化会产生大影响，受此启发，赫里克开始采取小而有力的举措来开启公司的健康之旅，其充分证明了如果你想要有所作为，迈出第一步至关重要。

戏剧

GreatCall 健康计划的第一步是提供免费的现场瑜伽课程。听起来很简单——但如果没有空间就是另外一回事了。这难不住他们，他们在隔间之间做瑜伽。这向员工传达了一个明确的信息，即公司希望将健康带入工作场所，让健康触手可得。

赫里克表示："如果你想向你的员工展示你认真支持他们的健康，你需要找到将其带入工作场所的方法。我们相信，如果他们不得不在工作时间以外做锻炼，那么很多人就没有时间或无法完成。"

接下来的举措包括增加其他运动课程，以及一系列侧重于心理健康和财务健康的举措。与此相辅相成的是，遵循 GreatCall 的使命宣言："有意义的工作和过上有意义的生活，引入"有意义的日子"在这些日子里，员工每月带薪休假一天，让他们做一些对他们有意义的事情，以他们自己的方式来定义健康。

将这些小举措加入全面而成功的健康计划，获得了出色的员工反馈和积极的业务成果。自该计划实施以来，GreatCall 享有更加协作的工作环境，打破了各个领域的员工单独行动的障碍。根据首席执行官大卫•英斯（David Inns）的说法，该项目创造了一种"文化动力"，各级员工都有动力从办公桌后面走出来，互相交流。根据赫里克的说法，该计划实施三年来，公司取得了巨大的成功，招聘也变得更容易，并且降低了离职率。

实　践

- 不要让挑战或障碍妨碍你制订健康计划。你可以通过采取小而有意义的举措来克服这些问题。
- 制订整体健康计划，确保你采取的步骤能够实现你的总体目标。

帮助消除员工倦怠情绪的福利：Weebly

场景

虚拟主机服务公司 Weebly 在硅谷面临许多科技公司面临的挑战：赢得人才争夺战。

为此，他们决定创造一种独特的福利，帮助他们脱颖而出，就像允许其客户创建的网站的服务一样，真正为员工和业务带来改变。

戏剧

Weebly 推出的新福利是为入职 5 年或 5 年以上的员工提供休假。员工或称为“Weeblies”，可以享受 6 周带薪休假以及到达世界任何地方的免费往返机票。该计划被称为“Weebly 环游计划”，其目的是支持和鼓励员工旅行，拓展他们的世界观，并从他们的愿望清单中追寻目标。该公司支付休假和航班费用，帮助员工进一步实现目标。

首席执行官兼联合创始人大卫·卢先科（David Rusenko）表示：“我们希望向员工展示我们对他们及其工作的重视。这传达出的信息是，员工不应觉得必须换工作才能获得休整所需的时间。在 Weebly，我们致力于帮助客户实现创业的梦想。我们通过环游计划，让员工有机会探索自己的激情和梦想，因为他们知道，他们回来后，将会更富有成效、精神焕发。”

员工如何利用该福利呢？一名员工将带着她的丈夫和两个小孩有生以来第一次环游欧洲各大城市：

“我认为这个机会带来的最大好处是我有时间短暂休息，当我的孩子仍然希望和我一起出去玩的时候，我可以和他们共度时光。我还要向他们介绍远远超出他们想象力和舒适区的各个国家和各种文化，让他们大吃一惊。当然，我一直清楚我在 Weebly 还承担着责任，还要回来。它表明公司信任员工的承诺，并且知道员工休假回来后会精神焕发、面貌一新，这是非常健康的状态。”

该福利已经改变 Weeblies 的生活，给他们提供足够的时间来真正放松和休整，防止倦怠情绪产生。与此同时，该福利也提高了 Weebly 员工的敬业度、留职率和工作效率。这是实现双赢的一个很好的例子。

实践

- 在寻找关于新福利的想法时，找到的不仅激发敬业度，而且是激发长期敬业度的想法。旅行的记忆历久弥新，员工对公司的满意度会越来越高。
- 不要回避诸如带薪或无薪休假等福利。它们通常不花你公司的钱，而且可以提供非常充分的休息和放松。

13

第十三章
一番心血，终成此书

总　　结

我们非常热爱创作这本书，它呈现我们已经成形的想法，并会见了世界各地数以百计的勇猛果敢、才华横溢的人力资源和颠覆传统的领导者。看到为了更出色地完成工作，这么多辛勤付出和独树一帜背后洋溢着的激情和投入真的令人鼓舞。一路走来，我们受益匪浅，通过这个阶段，我们关注到以下三点。

也许我们忘记了小时候学到的东西

第一点，敬业度桥梁中有许多元素、敬业文化中有许多组成部分正是我们在孩提时代学到的东西。但是我们工作后，不知怎么就把它们忘记了或者把它们留在家里了。比如说实话、信任别人、犯错时承认错误、对人友善。有时我们会想，怎么在一种环境下或在工作状态时会突然忘记一些学过的知识和内容，或者不知为何我们之前学到的东西在某种场合下却不适用。

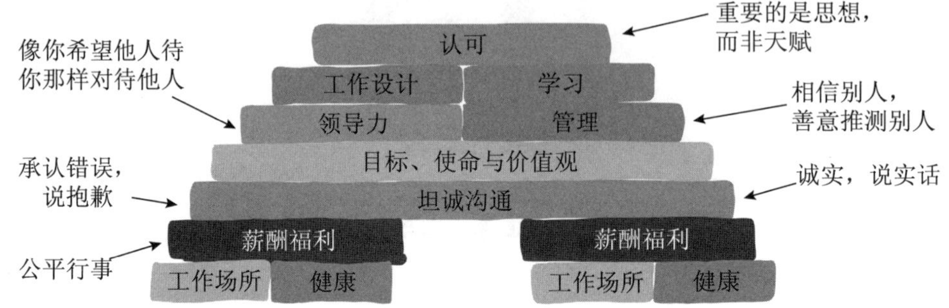

至少，这让你意识到，让工作场所变得更具吸引力所需要做的事情并没有那么困难。

“发挥我们的体能和天性，遵守你想要别人怎样对待你，你就怎样对待别人这条黄金法则。”

——制片人兼导演 JJ • 艾布拉姆斯（JJ Abrams）就如何管理员工如是说

敬业度桥梁中各元素相互交织

很难将领导力从坦诚沟通中隔离开来——没有好的沟通，你如何能发挥出卓越的领导力？薪酬的最大问题实际上是关乎公平的问题，这也与良好的领导力和沟通相关。恰当地认可员工需要让他们引人注目，这依靠良好的沟通文化，并且它们都能提高社会凝聚力，在公司建立良好关系。

联系和连接处处可见，所以很难真正决定一些剧本应该进入哪些章节。这凸显了敬业度桥梁模型中非常重要的东西——**它是一个指南，而不是一本手册；是一个用来审视自我的镜头，而不是一个秘诀。**使用该模型指导你，从多个角度审视你的组织及其与员工的关系。但是不要担心或纠结哪种干预、改变或修复具体存在于哪个领域——重要的是，你正在使你的组织变得更好，以更人性化、更具建设性的方式对待你的员工。

通过直接或微妙的方式，每个元素相互作用，互相合作。在开启敬业度之旅时，请牢记这一点，因为理解这种连接性对于实现你所设定的目标至关重要。

颠覆传统者从根本上对员工采取因人而异的方式

最后，我们调查的公司越多，我们就越肯定，要想取得成功，你需要从根本上改变你的企业对待员工的运作方式。

坦率地说，在许多企业中，我们的许多人力资源及管理政策和程序是脱节的。它们认为，员工很坏，公司必须受到保护，免受他们的伤害。你可以买到最好的工具和软件，但你必须首先有基本的了解，即传统的商业实践脱离员工，你需要改变它们。

我们会见的颠覆传统者明白这一点。他们信任自己的员工，给他们发言权和自由，允许他们做伟大的工作。如果有人违反了这种信任，他们仅处理这个人本人，而不是限制整个劳动力的自由。

行动起来

无论你从哪里开始，不管你是一家老牌公司还是一家初创公司，最重要的是开始行动并开始做出改变。最后，当你开始有意识地提高员工敬业度时，就必须在敬业度桥梁的 10 个领域内做出许多小的选择。最终结果将会是形成你的文化。

这意味着，你必须尽可能提前弄清楚你的组织需要什么样的文化：你的独特情况需要什么，以及你的目标是什么。对于奈飞来说，它是“一个伟大的工作场所是指这里有令人敬畏的同事”。对于亚马逊来说，它是“通过勇敢的领导力坚持客户至上。”对你来说会是什么呢？选择是至关重要的，因为许多道路都是可能的，但是你需要在实施整个敬业度桥梁的过程中贯彻始终并反思你的选择，以使其奏效。

总的来说，文化来自顶层。为了在整个组织中产生真正的变化，必须由 CEO 和领导团队引领文化。然后你实施的政策、组织内的经理以及他们做出的选择每天、每周和每月会践行、加强、损坏或毁坏文化。

人力资源可以而且应该发挥强有力的作用。他们可以支持文化作为业务改进的工具；可以提供管理人员使用的培训、技术和资源；最重要的是，他们可以提供量化和反馈。了解你的员工在聊什么，他们感觉如何，他们尊重什么决策，以及他们认为哪些决策很糟糕，这是建立和保持一个适合你组织的强大文化的关键所在。

与颠覆传统者做朋友

在写这本书的时候，我们了解到，你孤军奋战很难成为颠覆传统者。我们克服重重障碍，会见并采访世界各地数以百计的颠覆传统者，一起讨论想法，受到他们的巨大鼓舞和指引。我们希望你能访问这本书的网站 rebelplaybook.com，与更多的颠覆传统者联系。从内部寻找你的朋友和颠覆传统支持者，让他们也读这本书，借此开始建立你的颠覆传统的部队。

我们希望这本书以及书中阐明各种概念的戏剧，能给你带来将其付诸实施的灵感和想法。为此，网站上有一个可下载的启动包，内有视频和工具，以帮助向其他人解释说明，还有一个你可以进行自我修复的车间包。

你的举措可以包括以下三个方面。

1. 评估组织

查看敬业度桥梁十大元素中的每一个元素，并评估在你的组织中应该做出哪些改变，以提高员工的敬业度。问自己那些严厉的问题。看每一章的戏剧，然后自问："我为什么不能这么做？""是什么阻止了我们？""如何看待我的组织？"

2. 整合你的颠覆传统的部队

想想你身边的人或者你需要其提供支持的领导，让他们成为你的"颠覆传统的大军"的一员。

"我可以完成你力所不及的事情。你可以完成我力所不及的事情。我们一起来成就伟大的事情。"

——特蕾莎修女（Mother Teresa）

3. 让我们共同谱写自己的剧本

请记住：没有两个组织是相同的，所以建立一个适合你的策略，独一无二的策略。

"行动伴随着风险和成本。但它们远远低于待舒适区无所作为的长期风险。"

——约翰•F. 肯尼迪

我们希望这本书让你对改变感到有点不舒服，有点不安。 这是我们的目标。请记住，敬业度桥梁模型对行动具有根深蒂固的偏见，所以现在由你决定是否开始！

告诉我们你是如何保持前进的。我们很乐意在脸书、领英、照片墙或推特（@rebelplaybook）上看到你的照片、视频、评论和想法，或者也可以通过电子邮件（rebels@rebelplaybook.com）发送给我们——无论你采取何种颠覆传统的行为。请给我们发送一些，我们将在网站上予以展示。

格伦与黛布拉

@glennelliott 与 @debracoreyrebel

你可以下载免费的“构建你自己的剧本的材料”来帮助你开始使用敬业度桥梁，包括来自 rg.co/buildit-workshop 的视频、团队练习和模板。

加入“颠覆传统的大军”吧！

我们需要你的反馈！

我们怎样才能让这本书变得更好？

接下来我们应该见哪个颠覆传统者？

你接下来想看下哪个颠覆传统者的戏剧？

员工沟通

认可

薪酬福利

管理

企业家精神

rg.co/rebelfeedback

在 www.rebelplaybook.com 上可以查到数十种戏剧、访谈、章节摘要和其他内容。

可以在 iTunes、Sound-cloud、Podcaster 或 rg.co/podcast 上获取颠覆传统者的戏剧播客。

希望格伦或黛布拉在你的活动中发言，并与董事会会面或举办研讨会吗？

请访问 rg.co/rebelution，我们可在此提供帮助。